ORIGAMI

Phantasievolle Ideen

Monika Pilger

ORIGAMI

Phantasievolle Ideen

ENGLISCH VERLAG

Die Deutsche Bibliothek – CIP-Einheitsaufnahme
Origami: Phantasievolle Ideen / Monika Pilger – Wiesbaden: Englisch, 1998
ISBN 3-8241-0804-6

ISBN 3-8241-0804-6

Fotos: Frank Schuppelius
Herstellung: Michael Feuerer
Printed in Germany

Inhaltsverzeichnis

Vorwort

Ob Sie eine einfache Blumenblüte, ein zusammengestecktes Oktaeder-Modell oder einen Papierpantoffel falten, allen gemeinsam ist die Faszination des Origami:

Aus einem Blatt Papier Ihrer Phantasie Form zu verleihen und mit Ihren Händen Wirklichkeit werden zu lassen. Mein Anliegen bei diesem Buch war es, dekorative Modelle des Papierfaltens vorzustellen, die zudem noch einen Gebrauchs- und Nutzwert haben.

Es hat sich in meiner Praxis gezeigt, dass viele Erwachsene zwar gerne bei meinem Kinderprogramm mitgefaltet haben, weil sie Angst vor den komplexen Modellen hatten, jedoch bei den Objekten ihrer Wahl ein größeres Augenmerk auf einen gewissen Nutzwert und dekorative Aspekte legten.

Um dem Bedürfnis nach einfachen und vor allem nachvollziehbaren Modellen entgegenzukommen, entstand die Idee zu diesem Buch.

Die Bandbreite der Modelle spannt sich von sehr einfach bis kompliziert und viele können teilweise untereinander kombiniert werden.

Ich möchte damit meine Leser dazu ermutigen, selbst mit Papierarten, Größen und Kombinierbarkeit zu experimentieren.

Die einzelnen Modelle werden Schritt für Schritt in Fotoanleitungen gezeigt und beschrieben. Bei der Beschreibung habe ich soweit wie möglich auf komplizierte Fachausdrücke verzichtet.

Ein zweites Anliegen bei der Auswahl der Modelle war der Versuch, traditionelle Faltungen des japanischen Origamis dem europäischen Geschmack anzupassen, sodass sie sich harmonisch in gängige Wohnstile einfügen und hierzulande verwendet werden können.

Einleitung

1. Die meisten Origamimodelle in diesem Buch basieren auf quadratischen Faltblättern. Origamipapier wird in den Standardgrößen 10 und 15 Quadratzentimeter angeboten. Daneben gibt es noch diverse Zwischenformate zu kaufen, wie 5, 13, 19 oder 20 Quadratzentimeter. Die Qualität von Origamipapier zeichnet sich durch die Genauigkeit des Beschnittes aus. Je exakter geschnitten, desto weniger Probleme gibt es später beim Falten der Modelle.

Anfängern des Papierfaltens ist deshalb anzuraten, sich hochwertiges Origamipapier zu gönnen, da sich damit einfach leichter arbeiten lässt.

Für alle Leser und Leserinnen, die nicht mit dem Papier experimentieren, sondern gezielt eines der Modelle aus diesem Buch umsetzen wollen, wurde für jedes Objekt die besten Materialien und Größen als Arbeitshilfe angegeben.

2. Deko für Haus und Hof lebt von Farben und Mustern: Greifen Sie deshalb im Zweifelsfall lieber zu den bunten Bögen oder noch besser zu den buntbedruckten Motivblättern. Insbesondere das japanische Origamipapier zeichnet sich durch eine beachtliche Auswahl an Motivbögen aus. Wobei sich jedoch unsere abendländische Ästhetik nicht unbedingt mit der japanischer Hersteller von Origamipapier decken muss. Hübsches Papier ist jedenfalls eine nicht zu unterschätzende Motivationshilfe für Einsteiger.

3. Für manche Modelle ist es notwendig, dass entweder beide Seiten farbig (z.B. bei der Iris) oder umgekehrt zweifarbig (z.B. bei der Kornblume) sein müssen. Wenn Sie in diesem Fall kein solches zur Hand haben, so können Sie sich auch beim Bicolorpapier einfach mit Scherenschnitt- oder Buntpa-

pier behelfen, das ebenfalls zweifarbig ist. Oder Sie malen beispielsweise eine Seite eines weißen Blattes in der gewünschten Farbe an. Letzteres hat den Vorteil, dass Ihr Papier lebendiger wirkt und Sie auch ruhig einmal höhere Papierstärken verwenden können. Beim beidseitigen Papier können Sie unter Umständen auch dünneres Tonpapier verwenden, das im Hobbyfachhandel erhältlich ist. Sie müssen es vor dem Falten quadratisch zuschneiden. Für das Zuschneiden eignet sich ein Papiermesser (Cutter) und ein Stahllineal, oder Sie nehmen die Pappschablone, die in fertigen Origamipapierpackungen meistens enthalten ist und umfahren diese mit einem Druckbleistift. Schneiden Sie das Blatt dann mit einer scharfen Schere aus.

4. Wenn Sie große Mengen an Faltpapier benötigen, können Sie auch getrost zu quadratischem Notizpapier greifen, wie es beispielsweise als Abreißblock oder in Boxen für den Schreibtisch angeboten wird. Es kostet nur einen Bruchteil des echten Origamipapiers und ist trotzdem in der Regel sehr genau geschnitten. Origamipapier oder die anderen in diesem Buch erwähnten Papiersorten erhalten Sie am einfachsten bei Ihrem lokalen Schreibwarenhändler oder im Hobbybedarfsgeschäft.

5. Greifen Sie auch ruhig zur Schere und schneiden Sie sich mit einer selbst gebastelten Schablone aus Geschenkpapierrollen Ihre eigenen Motivpapiere zurecht. Kaufen Sie z. B. ein Päckchen fertiges Origamipapier in der Größe 15 x 15 cm und nehmen

Sie die in der Regel zur Stabilisierung beiliegende Pappe als Schablone, die mit einem weichen Druckbleistift auf das Geschenkpapier übertragen wird. Sie können herkömmliches Briefpapier nach DIN-A4, aber auch größere Formate wie DIN-A3, zu Quadraten verkleinern, indem Sie zwei Blätter im 90-Grad-Winkel aneinander anlegen und die überstehenden Streifen abschneiden. Bei einigen meiner Modelle in diesem Buch wird geklebt und geschnitten, auch wenn dies im traditionellen Origami nicht gerne gesehen wird. Da dieses Buch jedoch weniger für fortgeschrittene Fans des Origami konzipiert ist, haben sich solche Hilfestellungen als nützlich und vereinfachend bewährt.

6. Verzweifeln Sie nicht: Nicht alle Modelle dieses Buches sind, wie im Origami überhaupt, für jeden geeignet. So stehen z.B. Seepferdchen, Iris und Oktaeder für die drei unterschiedlichen Formen und Typen des Origami und seiner Anhänger, für jeden ist etwas anderes schwer oder leicht zu bewältigen. Das Seepferdchen erfordert eine gewisse Intuition für Formen und plastisches Gestalten. Wenn Sie töpfern, werden Sie mit dieser Origamiform gut zurecht kommen. Der Oktaeder und seine Verwandten erfordern ein Gefühl für geometrische und mathematische Zusammenhänge, nicht von ungefähr gibt es viele Mathematiker unter den Papierfaltern. Dagegen kommt es bei der Iris auf systematisches Wiederholen und Genauigkeit an.

7. Überfordern Sie sich nicht. Beginnen Sie besser mit einem einfachen Modell und arbeiten Sie sich langsam zum Wunschobjekt heran. Bei Origami spielt die Tagesverfassung eine wichtige Rolle, und sogar Profis verfügen nicht immer über eine gleich gute Fingerfertigkeit.

8. Sollten Sie noch mehr Interesse an Origami haben, so helfen Ihnen gerne u.a. die beiden folgenden Vereinigungen weiter.

Origami Deutschland
Paulo Mulatinho
Postfach 16 30
D-85316 Freising

Origami München e.V.
René Lucio
Postfach 22 13 24
D-80503 München

Wenn Landhausblumen blühen...

Ob einzeln oder zum Kranz aufgebunden, zaubern Origamiblumen als Tischdeko und an der Wand romantische Country-Stimmung und farbenfrohe Vielfalt.
Blütenträume aus Papier werden in Vasen üppig drapiert zu echten Augenweiden. Mit Papierblumen farbenfroh „bepflanzte" Fensterbänke garantieren schöne Ausblicke zum Hof – auch in der ungemütlichen Jahreszeit bei Regen und Schnee.

Kornblume und Zaunwinde

Für die Kornblume benötigen Sie beidseitig gefärbtes Papier in einem möglichst naturnahen Blauton. Ein leicht strukturiertes oder aufgerautes Papier von etwa 5–6 cm Seitenlänge eignet sich am besten. Sie benötigen außerdem eine Schere.

1. Falten Sie ein gerades Kreuz in der Mitte. Drehen Sie das Blatt auf die Rückseite und streichen Sie die Faltung nach.

2. Falten Sie wieder ein Kreuz durch das Blatt, jedoch von den Ecken ausgehend. Alle Linien kreuzen sich in der Mitte.

3. Wenn Sie nun von zwei gegenüberliegenden Ecken das Blatt zur Mitte hin zusammenschieben, erhalten Sie ein zusammengeschobenes Viereck.

4. Legen Sie nun die Arbeit so vor sich hin, dass die offenen Seiten nach oben zeigen. Falten Sie von der oberen Lage die beiden äußeren Ecken zur Mittellinie. Die langen Kanten der dabei entstehenden Dreiecke sollen auf der Mittellinie der Raute liegen.

5. Auf der Rückseite wiederholen Sie den letzten Schritt.

6. Falten Sie die untere Spitze der Raute auf deren obere Spitze vor und nehmen Sie sie gleich wieder zurück.

7. Schneiden Sie die Rautenspitze in einem Bogen maximal bis zur Vorfaltung ab. Öffnen Sie die Blüte und schneiden Sie kleine Fransen in die Blütenblätter.

Durch die Blüte muss nun nur noch ein Blumendraht oder ein Schaschlikstäbchen geführt und mit braunem oder grünem „Stängelband" umwickelt werden.

Im Hobbyfachhandel ist dafür ein spezielles Klebeband erhältlich, zur Not tut es auch grünes Isolierband oder Ähnliches.

Tipp: Wenn Sie zwei Lagen Papier verwenden, können Sie auch gefüllte Kornblumen herstellen.

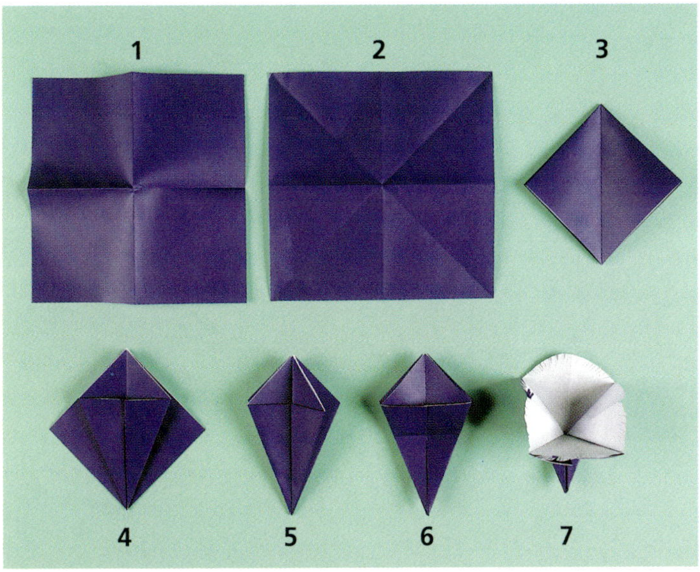

Für die Zaunwinde sollten Sie möglichst glattes Papier von ca. 5–8 cm Seitenlänge in zarten Farbtönen verwenden. Es kann sich dabei auch um ein einseitig gefärbtes Papierblatt handeln.

Für die „Serienproduktion" bietet sich Notizzettelpapier an.

Verfahren Sie wie bei der Kornblume (Punkt 1–7), nur dass Sie die Blütenblätter nicht in Fransen schneiden.

Seerose

Für die Seerose eignen sich bestens Stoff- oder Papierservietten bzw. Seidenpapiere in entsprechenden Farben.
Auf jeden Fall muss das Material leicht formbar sein.

1. Falten Sie die vier Ecken des Quadrats zum Mittelpunkt.
2. Wiederholen Sie Punkt 1 ein zweites Mal.
3. Wiederholen Sie Punkt 1 ein drittes Mal.

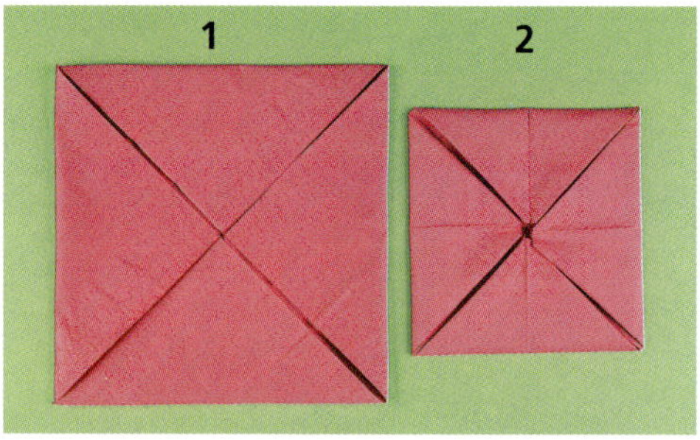

4. Wenden Sie die Faltarbeit und falten Sie ein letztes Mal die vier Ecken zum Mittelpunkt.

5. Halten Sie wie abgebildet das Objekt in der Mitte fest, während die zweite Hand eine Spitze anzieht und entgegengesetzt umstülpt. Lassen Sie die Mitte nicht eher los, bis Sie alle vier Blütenblätter umgestülpt haben.

6. Das Ergebnis sollte mehr oder weniger wie abgebildet aussehen, wobei hier der Mittelpunkt leicht mit Klebstoff fixiert ist, wo in der Praxis Ihr Zeigefinger die Faltung zusammenhält.

7. Nun müssen Sie nur noch die übrigen Blütenblätter von hinten (Daumen) nach vorne bringen.

Tipp: Verlieren Sie bitte nicht die Geduld, denn die ersten Faltungen werden wahrscheinlich schief oder die Blätter lösen sich wieder auf. Wie immer macht Übung den Meister, aber es lohnt sich.

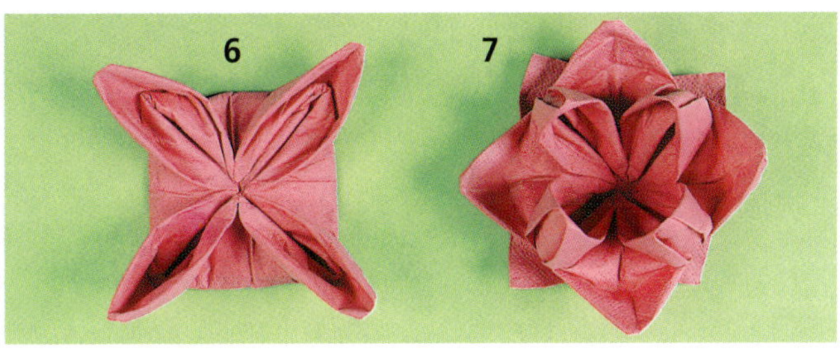

Blatt

Für diese Blattgrundform können Sie je nach Bedarf und Ausstattung alle möglichen Papiersorten und -größen verwenden. In den Abbildungen der Schrittfolge wurde z.B. eine Serviette verwendet. Das Blatt ist vielseitig einsetzbar, es eignet sich wunderbar auch als Serviettenfaltung, als Herbstblatt für Dekorationen oder in Verbindung mit der Seerose.

1. Falten Sie das Blatt entlang der Diagonalen.

2. Falten Sie die rechte und linke Ecke von außen zur Mittellinie, dabei sollte kein gleichseitiges Dreieck entstehen, sondern die oberen Seitenlängen länger sein.

3. Falten Sie die beiden unteren Kanten zur Mittellinie.

4. Die untere Spitze wird etwa ein Drittel der Gesamtlänge nach oben gefaltet.

5. Die Spitze wird am Schnittpunkt der zuvor gefalteten Seitenflächen zurückgebogen.

6. Wenden Sie das Blatt und formen Sie es nach Belieben aus.

Tipp: Abhängig vom Winkel der Faltung in Punkt 2 wird das Blatt breiter und schmaler. Sie können auch die Länge des Stängelansatzes nach Bedarf variieren.

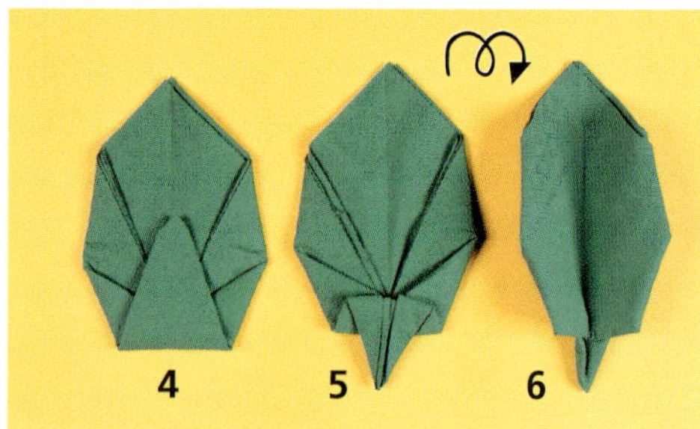

Sonnenblume

Für dieses Motiv braucht man einfarbiges, beidseitiges Papier. Gut eignet sich gelbes Kopierpapier, zum Quadrat verkleinert. Der Anfänger sollte nicht mit zu kleinem Papier falten, Könner können ruhig bis zu einer Größe von 5 cm Seitenlänge heruntergehen.

Die Sonnenblume kann sowohl freistehend als auch als Strauß zur Geltung kommen. Die Blüte selbst kann jedoch auch in Kombination mit z. B. der Candybox, dem Lesezeichen oder anderen Objekten als Dekoration verwendet werden. Im Folgenden wird die freistehende Blüte beschrieben. Ausgangslage für den Blütenkranz ist ein DIN-A4-Blatt verkleinert zum Quadrat. Ausgangslage für den Fruchtstand ist braunes Papier derselben Größe. Für das Blatt benötigen Sie ein grünes Quadrat von 9 cm Seitenlänge, für den Blütenkelch ist relativ festes Papier (Tonpapier) von 9 cm Voraussetzung. Zusätzlich benötigen Sie Blumendraht, Blumenband zum Einwickeln des Stängels und Klebstoff. Das Blatt finden Sie auf S. 16 beschrieben, der Kelch wird für die Candybox auf Seite 53 gearbeitet.

Blütenkranz

1. Falzen Sie ein gerades Kreuz mit Bergfalten und öffnen Sie das Papier wieder.

2. Falten Sie die linke und rechte Seite bis zur Mittellinie und öffnen Sie das Blatt wieder. Leicht zusammengeschoben, sollte es dann wie abgebildet aussehen.

3. Das Blatt drehen Sie um 90 Grad. Anschließend werden, wie in Punkt 2, die beiden anderen Seite zur Mitte gefaltet und wieder geöffnet. Es ist ein Karomuster aus 16 Quadraten entstanden.

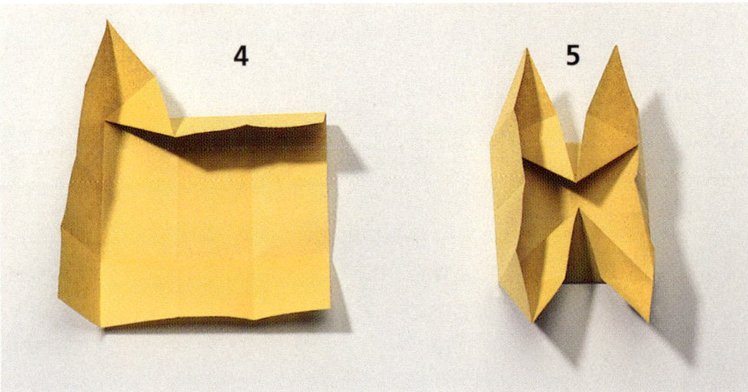

8. Öffnen Sie die Flügel leicht und falten ihre Spitzen zur Mitte. Flach andrücken (siehe Detailaufnahme 8a).

9. Falten Sie vier kleine Drachenvierecke.

10. Öffnen Sie die Drachen wieder und falten Sie sie jeweils zu einer Raute.

4. Nehmen Sie die linke obere Ecke und falten Sie eine Diagonale in das kleine Quadrat. Ebenso in das rechts angrenzende Quadrat.

5. Wiederholen Sie die Faltung von Punkt 4 mit den restlichen drei Ecken.

6. Schlagen Sie zwei der Seitenflügel entlang der Pfeilrichtung um.

7. Ein Windrad ist entstanden.

11. Die Spitzen der Rauten werden wieder zur Mitte gefaltet. Erneut sind vier Drachenvierecke zu sehen, jedoch mit der geschlossenen Seite nach oben.

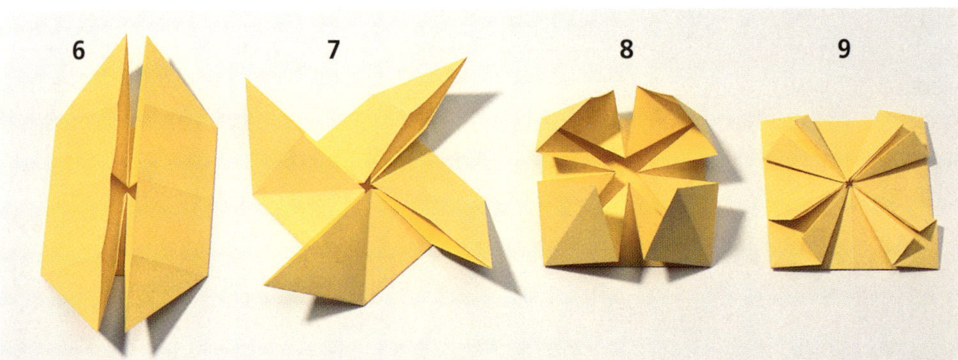

17

12. Zwischen den Drachen zeigt noch eine weitere Spitze zum Mittelpunkt. Nehmen Sie diese spitze Ecke und klappen Sie sie nach außen. Verfahren Sie mit den restlichen drei Spitzen in gleicher Weise.

Fruchtstand

13. Falzen Sie in ein neues Blatt ein gerades Kreuz mit Talfalten und öffnen Sie es wieder.

14. Falzen Sie die vier Ecken zum Mittelpunkt hin und drehen Sie die Faltung um 45 Grad.

15. Wiederholen Sie die Faltung von Punkt 14 ein zweites Mal, um ein kleineres Quadrat zu erhalten.

16. Wiederholen Sie die Faltung von Punkt 14 ein drittes Mal und wenden Sie das quadratische „Päckchen".

17. Stecken Sie es mit der geschlossenen Rückseite nach oben in den Blütenkranz.

Kelch, Stängel und Blatt

Für den Kelch (Candybox S. 53) wird der letzte Schritt abgewandelt: Die vier Spitzen werden nicht nach innen, sondern nach außen gefaltet.

Für den Stängel mit Blatt wird zuerst durch die Spitze des Kelches der Blumendraht gesteckt, der Stängel umwickelt und das Blatt festgeklebt. Der Blattansatz wird ebenfalls umwickelt und erst dann die Blüte mit Fruchtstand auf den Kelch aufgeklebt. Halten Sie die Arbeit ein paar Minuten fest und lassen Sie sie gut antrocknen.

13 14 15 16

Rose

Bei der Rose handelt es sich um eine Variation der Sonnenblume, die sich vielfach bei anderen Objekten dieses Buches als Dekoration (etwa der Sternenbox auf Seite 55) oder als Abdeckung (etwa für die Candybox auf Seite 53) wiederfindet.

Äußere Blütenblätter

Folgen Sie Punkt 1–12 des Blütenkranzes der Sonnenblume.

Innere Blütenblätter

1. Falzen Sie in ein neues Blatt ein gerades Kreuz mit Talfalten und öffnen Sie es wieder.
2. Falten Sie nun zwei gegenüberliegende Ecken zum Mittelpunkt nach vorne sowie die beiden übrigen Ecken zum Mittelpunkt auf der Rückseite.
3. Falten Sie nun die vier Ecken erneut zum Mittelpunkt.
4. Wenden Sie dann die Arbeit und falten Sie nochmals vier Ecken zum Mittelpunkt. Der folgende Punkt wird üblicherweise erst nach dem Einstecken der inneren in die äußeren Blütenblätter durchgeführt, kann jedoch auch vorher gemacht werden. Das Einstecken erfolgt wie bei der Sonnenblume.
5. Schlagen Sie sämtliche Ecken vom Mittelpunkt her nach außen dem eigenen Geschmack entsprechend um, sodass sich die innere Blüte öffnet.

1 2 3 4 5

Rosenblätter

Die Blätter der Rose werden entsprechend dem Grundschema Blatt auf Seite 16 gefaltet.

Iris

Für die Iris brauchen Sie einseitig gefärbtes, möglichst exakt geschnittenes Papier. Lilafarbenes Origamipapier von 15 cm Seitenlänge eignet sich am besten. Sie benötigen zusätzlich eine Schere für den Stiel.

Irisblüte

1. Falten Sie ein gerades Kreuz in der Mitte. Drehen Sie das Blatt auf die Rückseite.

2. Falten Sie wieder ein Kreuz durch das Blatt, jedoch von den Ecken ausgehend. Alle Linien kreuzen sich in der Mitte.

3. Wenn Sie nun von zwei gegenüberliegenden Ecken das Blatt zur Mitte hin zusammenschieben, erhalten Sie ein zusammengeschobenes Viereck.

4. Drehen Sie das Blatt so vor sich hin, dass die offenen Spitzen nach oben zeigen. Nun müssen Sie, ähnlich wie bei der Kornblume, die obere Lage einer äußeren Ecke zur Mittellinie falten und gleich wieder zurücknehmen. Versuchen Sie nun mit dem Finger in die gefaltete Tasche zu kommen und diese wie abgebildet flachzudrücken.

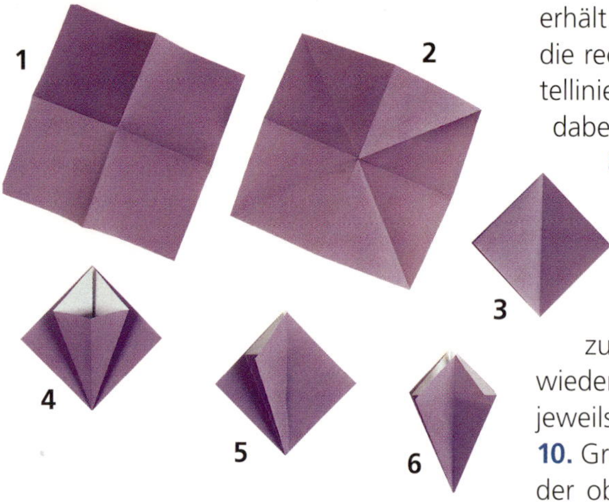

5. Klappen Sie den entstandenen linken Flügel auf den rechten und falzen Sie nach (siehe Bild).

6. Wiederholen Sie Punkt 4 und 5 an den übrigen drei Seiten, um das abgebildete Modell zu erhalten.

7. Als Ausgangslage klappen Sie einen Flügel um, sodass die Raute eine weiße Spitze erhält. Nehmen Sie von der oberen Lage die rechte Ecke und falten Sie sie zur Mittellinie. Die lange Seite des Dreiecks soll dabei auf der Mittellinie liegen.

8. Wiederholen Sie Punkt 7 an den übrigen sieben Seiten.

9. Nehmen Sie nun die Raute und knicken Sie einmal in der Mitte, d. h. die untere Spitze wird zur oberen Spitze gebracht und gleich wieder zurückgefaltet. Jetzt öffnen Sie die jeweils oben liegenden Rautenflügel.

10. Greifen Sie mit dem Finger in die Mitte der oberen Tasche und ziehen Sie sie an der Mittellinie zu sich.

Es entsteht eine kleinere, oben aufliegende Raute mit zwei langen und zwei kurzen Seiten.

11. Wiederholen Sie Punkt 10 an den übrigen drei Seiten.

12. Die Spitze der kleinen Raute wird nach oben gefaltet. Wiederholen Sie diese Faltung mit den übrigen drei Rautenspitzen.

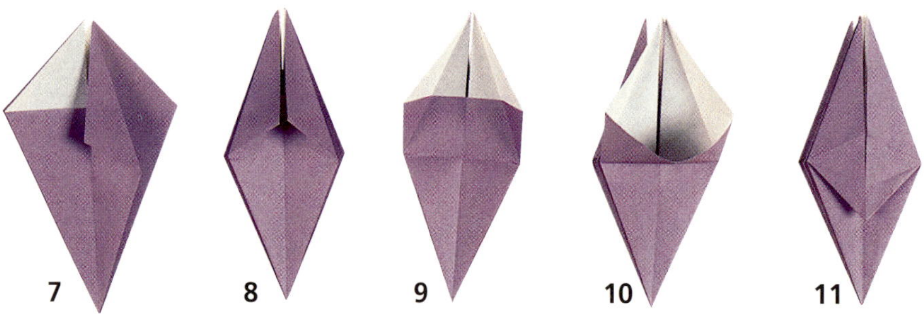

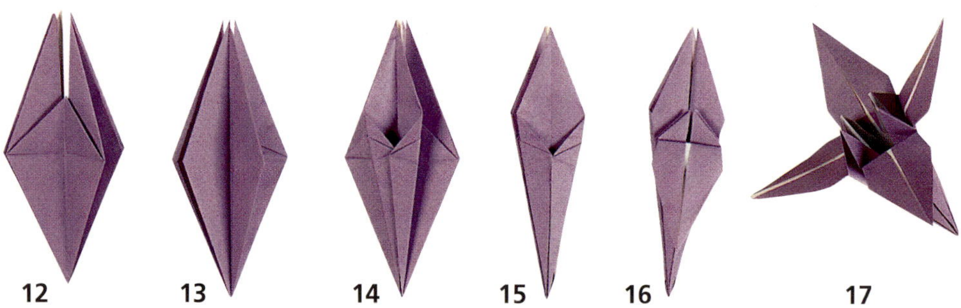

13. Falzen Sie die vorliegende geöffnete Raute mit der linken Ecke zur rechten Ecke, um das abgebildete Modell zu erhalten.

14. Falten Sie die beiden unteren Seitenkanten zur senkrechten Mittellinie der Raute.

15. Auf den übrigen Seiten wiederholen Sie diesen Vorgang.

Achtung: Falten Sie immer zur glatten Rautenseite, damit Sie nicht durcheinander kommen.

16. Öffnen Sie das Objekt, indem Sie die obere Spitze an den ersten beiden Eckpunkten nach unten falten.

17. An den übrigen Seiten wiederholen Sie auch diesen Vorgang. Die oberste Blattspitze wird angezogen, bis sie rechtwinklig zum Objekt (Blütenkelch) steht und Sie die Irisblüte in Händen halten.

Wenn Sie die Irisblüte auf einen Stiel (s. u.) aufsetzen wollen, dann müssen Sie die untere Kelchspitze um ca. 2 mm abschneiden. Wahre Könner falten alternativ in die untere Spitze eine Versenkung, bevor Sie die Blüte auf den Stiel aufsetzen.

Irisblatt und -stiel

Wenn Sie Ihre Iris z. B. aus einem 15 cm großen Quadrat gefaltet haben, dann braucht man für das Irisblatt einen DIN-A4-Bogen verkleinert zum Quadrat. Grünes Kopierpapier eignet sich gut. Auf dem Blatt mit Stiel fühlen sich auch andere Blüten als die Iris wohl. Es lässt sich vielseitig einsetzen und wird gerne zur Tischdekoration verwendet.

1. Falten Sie das Quadrat zum Kopftuch. Öffnen Sie das Blatt wieder.

2. Nun falten Sie die rechte und linke Ecke zur Mittellinie.

Damit Sie es später leichter haben, falten Sie die langen Dreiecksseiten nicht exakt auf die Mittellinie, sondern etwa einen Millimeter parallel daneben.

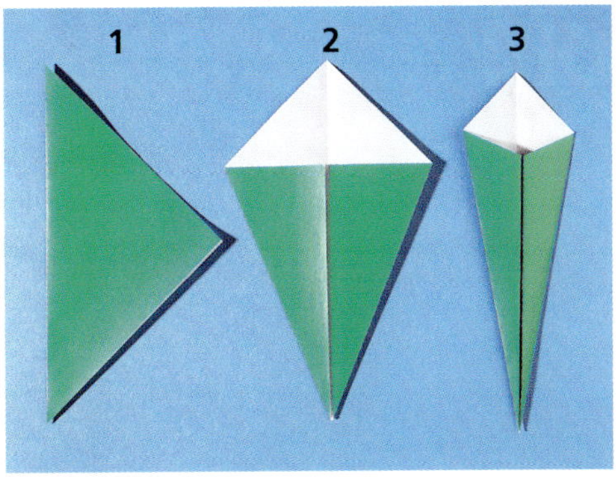

3. Schlagen Sie rechts und links die unteren Seitenkanten zur Mittellinie exakt ein, und falzen Sie nach.

4. Klappen Sie die untere Spitze auf die obere und drücken Sie die Knickstelle nicht zu fest nach.

5. Nun klappen Sie den Stiel mit Blatt wie abgebildet zusammen. Der Stiel wird dabei bis zur äußeren, vorderen Blattkante vorgezogen. Fixieren Sie die Faltung durch festes Falzen der untersten Knickstelle.

6. Das Blatt wird nun durch Falten der linken und rechten Blattspitze zur Mittellinie verschmälert.

Sollte Ihr Blatt nach dem Befestigen einer Blüte umkippen, müssen Sie den unteren Winkel verändern und evtl. die Stielhöhe variieren, da jede Blüte ihr individuelles Eigengewicht hat.

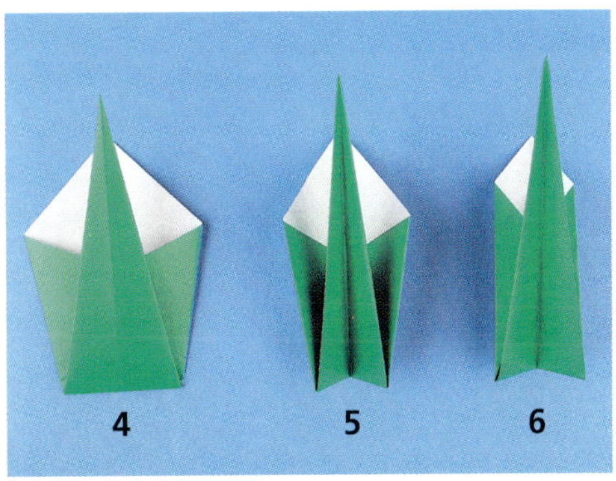

Vase

Sie können für die Vase ein Quadrat beliebigen Papiers und Größe nehmen. Wollen Sie jedoch Wasser in die Vase füllen, müssen Sie mehrere Dinge beachten:

A. Falten Sie Knickkanten nicht zu fest, sonst können kleine Löcher oder Risse entstehen.

B. Sie müssen das Papier vorher auf einer Seite mit Alufolie, Geschenkfolie oder durchsichtigem Plastik beziehen. Das geht prima mit einem normalen Klebestift. Zum Teil ist mittlerweile auch Folienfaltpapier im Handel erhältlich. Gewachstes Transparentpapier eignet sich nur bedingt, da es sich gerne aufwellt.

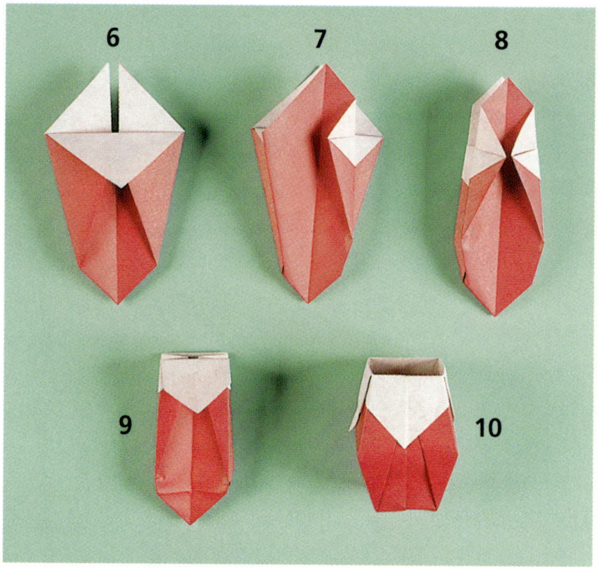

1. Falten Sie ein gerades Kreuz in der Mitte. Drehen Sie das Papierblatt auf die Rückseite.

2. Falten Sie wieder ein Kreuz durch das Blatt, jedoch von den Ecken ausgehend. Alle Linien kreuzen sich in der Mitte.

3. Wenn Sie nun von zwei gegenüberliegenden Ecken das Blatt zur Mitte hin zusammenschieben, erhalten Sie ein zusammengeschobenes Viereck.

4. Die rechte Ecke der oberen Lage wird auf die Mittellinie gefaltet und in einem etwas schrägen Winkel gefalzt.

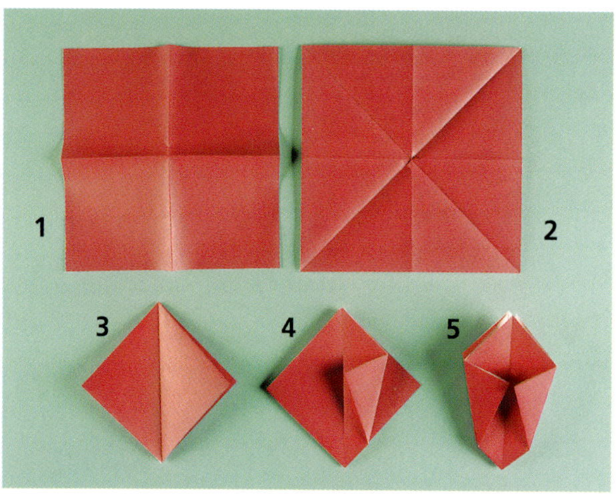

5. Auf den übrigen drei Seiten wiederholen Sie diesen Faltvorgang.

6. Klappen Sie die obere Spitze an den rechten und linken Außenpunkten nach unten.
Auf der Rückseite wiederholen.

7. Klappen Sie zwei Seitenflügel des Modells so um, dass Vorder- und Rückseite glatt sind, also Faltknicke zu sehen sind. Nun wird auf der glatten Seite die obere Ecke des rechten Flügels zur Mittellinie gefaltet, wobei

die untere Ecke als Ausgangspunkt des Falzes dient. Ändern Sie wie im Bild den Ausgangspunkt des Falzes nach oben, erhält die spätere Vase einen mehr oder weniger großen Bauch (siehe Unterschied zwischen Bild 9 und 10).

8. Klappen Sie auf Vorder- und Rückseite die oben entstandenen Laschen nach unten.
9. Die untere Spitze wird als Dreieck nach oben vorgefaltet.
10. Öffnen Sie die Vase und formen Sie sie entsprechend der Abbildung aus.

Moderne Zeiten...

Kleiner Aufwand, große Wirkung: Falten, kleben, fertig! Werden Origami-Objekte freigestellt oder im Ensemble mit Alltagsgegenständen arrangiert, dann wirken Möbel, aber auch Räume, schon völlig anders. Wenn Sie Abwechslung groß schreiben, machen Sie doch aus Ihren gefalteten Meisterwerken einfach dekorative Accessoires, Trend-Dekos aus Pappe und Papier oder Prachtstücke des Wohndesigns. Als Blickfänger mit Halogenstrahlern ausgeleuchtet, in Kombination mit anderen Objekten oder als Sammelstück in der Vitrine.

Pantoffeln

Ausgangslage ist ein rechteckiges Papier, am besten sollte es etwas breiter als DIN-Format ausfallen. Als Hausschuhe für unerwartete Gäste erleben ausgediente Tageszeitungen und Anzeigenblätter eine praktische Neuauflage.

Weihnachtsmänner freuen sich dagegen eher über kleine Edelmodelle in Rot und Weiß, zur Not darf es auch etwas Goldfolie sein.

1. Falten Sie am oberen Blattrand zweimal einen schmalen Streifen ein.

2. Wenden Sie das Blatt und falten Sie den oberen Rand zu einem Drittel der Gesamtlänge um.

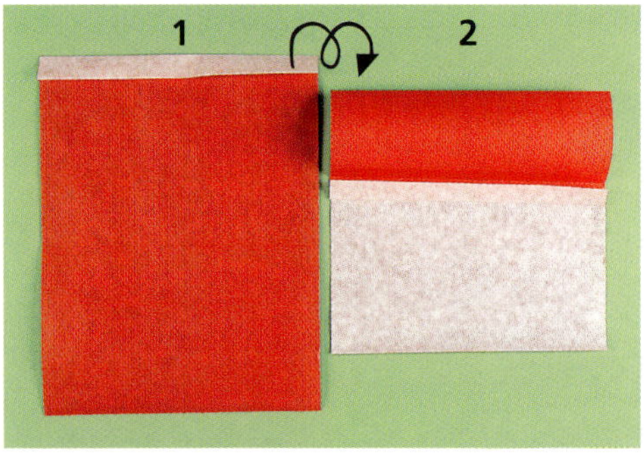

3. Wenden Sie das Blatt wieder und schlagen Sie die rechte wie linke Seite zu jeweils einem Drittel ein, sodass beide Seiten aufeinander liegen.

4. Nun muss wie im Bild ein Flügel in den anderen geschoben werden. Ebenso wird der Rand ineinander geschoben.

5. Falzen Sie oben auf beiden Seiten je eine Ecke wie Eselsohren nach vorne.

6. Öffnen Sie den oberen roten Tütenrand und klappen Sie die Eselsohren nach innen.

7. Wenden Sie das Modell. Die Pantoffeloberseite liegt nun vor Ihnen. Links und rechts wird an der Pantoffelsohle ein Rand im 90-Grad-Winkel nach oben gebogen. Der Rand ist vorn schmaler als beim Fersenteil.

8. Schlagen Sie bei der Ferse zweimal einen schmalen Rand nach innen. Nun muss der Pantoffel noch ausgeformt werden.

Bei sehr kleinen (Zier-)Pantoffeln können Sie aus ästhetischen Gründen das Fersenteil wie bei der langen Schachtel (Seite 52) einfalten.

Ansonsten gilt: Reinschlüpfen und Losschlappen …

3 4 5 6 7 8

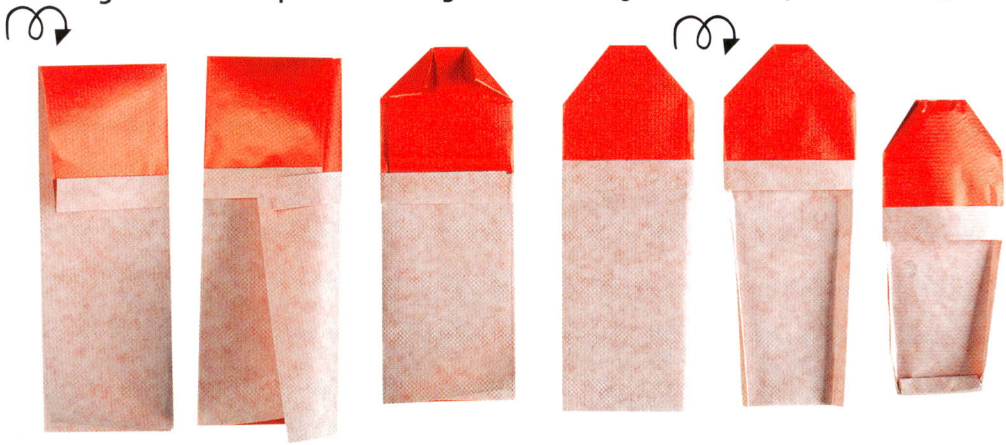

Tüte

Für dieses Motiv können Sie ein beliebig großes, rechteckiges Papier verwenden.

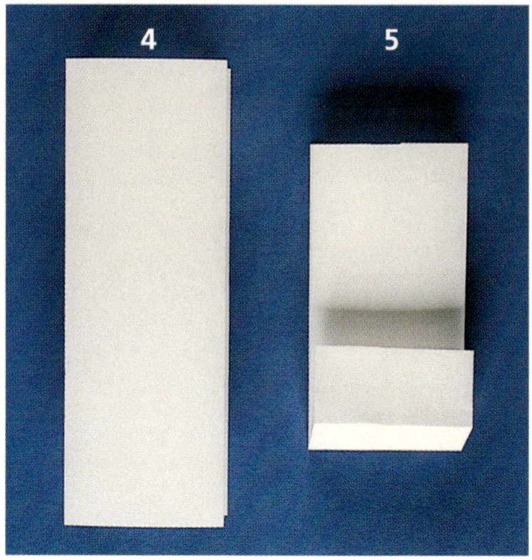

1. Falten Sie einen schmalen Rand auf der kurzen Seite Ihres Rechtecks. Bestreichen Sie ihn mit Klebstoff.

2. Falten Sie nun das Blatt in der Mitte und drücken Sie es auf den Kleberand. Lassen Sie die Klebestelle trocknen.

3. Von links und rechts wird nun an der langen Seite ein Rand von ca. 2 cm Breite nach vorne gefaltet.

4. Der zuvor gefaltete Rand wird nun auf beiden Seiten nach innen gestülpt, um später Tütenseiten zu erhalten.

5. Machen Sie nun von unten her zweimal wieder einen 2 cm breiten Umschlag und nehmen Sie ihn wieder zurück. Halten Sie mit einer Hand das Modell am obersten Knick fest.

6. Mit der anderen Hand öffnen Sie nun den Boden der Tüte. Drücken Sie rechts und links die Seiten flach nach außen und unten, bis jeweils ein Dreieck zu sehen ist.

7. Ziehen Sie die markierten Stellen jeweils nach oben oder unten, bis das Modell ganz flach gedrückt ist.

8. Wenn Sie die neu entstandenen Kanten nun nachfalzen, sollte Ihr Modell wie abgebildet aussehen. Je nachdem, wie breit Sie zuvor die Tütenseiten und den Boden gewählt haben, kann das Endergebnis variieren.

9. Nun müssen Sie noch die obere und untere Lasche nach vorne klappen und an ihren Berührungsstellen aneinander kleben.

Tipp: Experimentieren Sie mit verschiedenen Formaten und Papiersorten. Sie können auch Tragegriffe ankleben oder durch Einschnitte bilden. Die Tüte lässt sich auch nach Belieben bemalen und bekleben, z. B. macht es sich nett, vorne und hinten eine gleiche Motivkarte mit Umriss aufzukleben, etwa einen Teddybären.

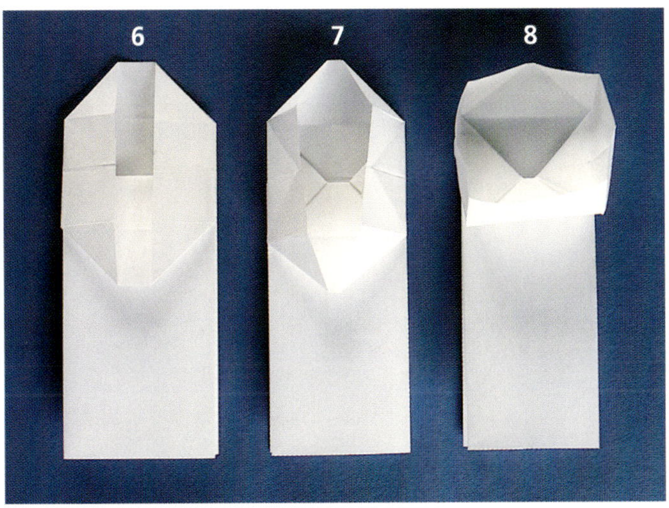

Krawattentüte

Fertigen Sie eine Tüte (siehe Anleitung auf Seite 28) an. Für das hier gezeigte Modell von 11 cm Höhe wurde ein weißes Kopierpapier verwendet. Die Seiteneinschläge betragen 2,4 cm, der Tütenboden 4,5 cm. Schneiden Sie nun die Tüte von der Unterkante zur Oberkante etwa auf 11,5 cm ab. 2 cm tiefer machen Sie jeweils links und rechts einen 2,5 cm tiefen Einschnitt. Nun muss nur noch der Kragen leicht schräg nach vorne gefaltet werden. Sie können aber auch fertige Papiertüten verwenden und durch den kleinen Einschnitt veredeln! Ob nun ein wahrer Schlips daran baumelt oder nur ein gefalteter, in der Tüte lassen sich eine Menge zusätzliche Präsente verpacken: eine echte Wundertüte für Groß und Klein.

Faltkrawatte

Für die Faltkrawatte brauchen Sie ein quadratisches, nicht zu dickes, ein- oder beidseitig bedrucktes Papier mit oder ohne Muster. Ein Quadrat von 15 cm Größe ergibt eine Krawatte von 16 cm Länge.

1. Falten Sie das Blatt entlang einer Diagonalen und bringen Sie dann beidseitig je eine Ecke zur Mittellinie. Dabei sollten zwei gleichseitige Dreiecke entstehen.

2. Falten Sie von links und rechts die beiden Seitenflügel zur Hälfte genau auf die Mittellinie.

3. Von unten wird die Spitze zum Dreieck zwischen die beiden Seitenteile nach oben gefaltet.

4. Wenden Sie den Schlips und machen Sie am oberen Ende eine Ziehharmonikafaltung (beachten Sie bitte dazu Abbildung 5 mit der Rückseite der Ziehharmonika).

5. Links und rechts wird die Krawatte mit einem Falz zur Mitte verdünnt.

6. Nun müssen Sie noch den Krawattenknoten oben flachdrücken.

7. Sie halten in etwa das abgebildete Ergebnis in den Händen.

8. Wenden Sie die Arbeit und Sie haben den fertigen Schlips vor sich.

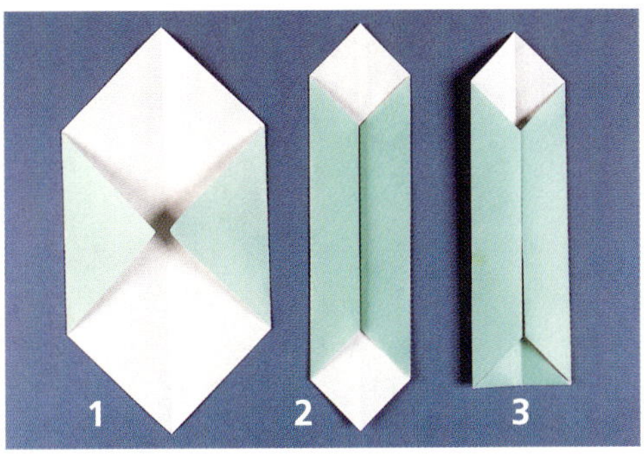

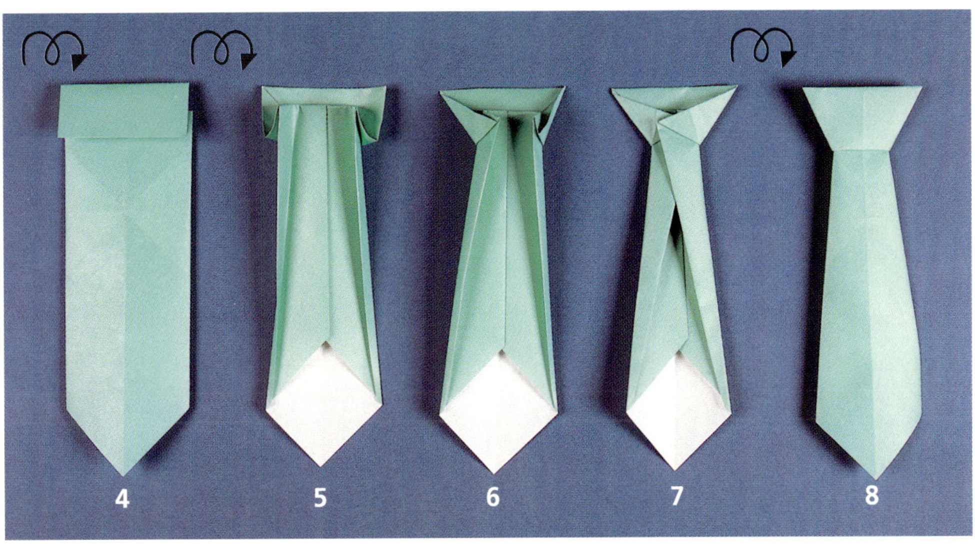

Würfel

Dieser aus sechs Elementen zusammengesetzte Würfel ist vielseitig verwendbar. Ob als Sockel für eine Schale, gefüllte Schaufensterdekoration mit Überraschung oder beschwert als Buchstütze – die Bandbreite der Einsatzgebiete ist wahrhaft riesengroß.

Grundelement

1. Verwenden Sie ein quadratisches Papier, falten Sie es mittig und öffnen Sie es wieder.

2. Falten Sie beide Seiten auf die Mittellinie.

3. Nun wird die linke untere Ecke auf die gegenüberliegende Seitenkante gefaltet, sodass ein gleichseitiges Dreieck entsteht.

4. Verfahren Sie entsprechend mit der rechten oberen Ecke, sodass ein Trapez entsteht.

5. Öffnen Sie nun die beiden Seitenflügel und Sie werden links oben und rechts unten ein kleines, gelbes Dreieck sehen. Dieses muss nach innen geschlagen werden. Das Ergebnis sieht aus wie abgebildet.

6. Nehmen Sie nun die linke untere Ecke und schlagen Sie sie unter die rechte Seite. Verfahren Sie genauso mit der rechten oberen Ecke.

7. Drehen Sie das so entstandene Trapez so, dass es wie abgebildet vor Ihnen liegt.

8. Nun wird die rechte obere Spitze und die linke untere Spitze derart nach hinten gefaltet, dass in der Mitte ein Quadrat entsteht. Für den Würfel dieser Variation benötigen Sie sechs solcher Grundelemente. *Achtung:* Sie müssen alle gleich gefaltet sein, d.h. wenn Sie sie übereinanderlegen, müssen alle in die gleiche Richtung weisen.

Variation Kreuzwürfel

(Seite 34)

9. In der Mitte eines jeden Elements sehen Sie ein diagonales Kreuz. Es wird gebildet aus vier dreieckigen Taschen. Jeweils zwei Taschen verfügen über eine einlagige bzw. doppellagige Kante. Sie müssen nun die Spitze eines Elements in die einlagige Tasche eines zweiten stecken.

10. Wiederholen Sie den Vorgang mit einem dritten Element, das in die zweite Tasche des ersten Elements gesteckt wird. Verfahren Sie mit den übrigen Elementen genauso, bis Sie der Reihe nach die Würfelseiten mit 2, 3, 4 und 5 Punkten (eines Spielwürfels) erhalten.

11. Das Zwischenergebnis müsste nun der Abbildung entsprechen.

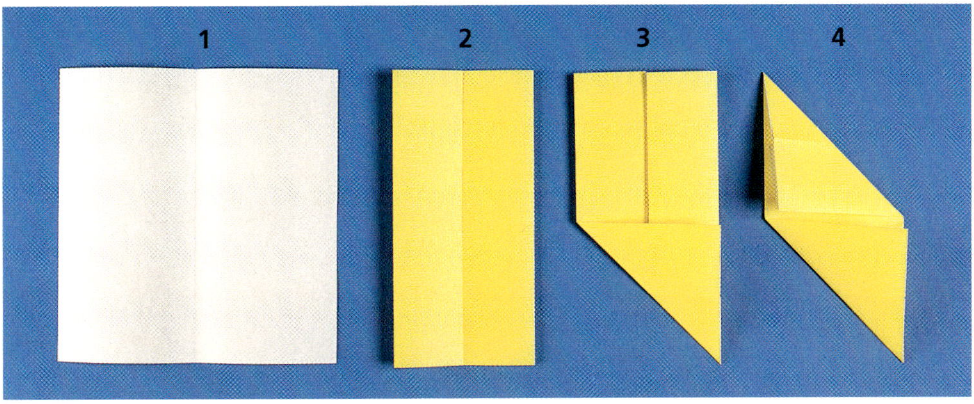

12. Um den Würfelboden und -deckel zu schließen, müssen Sie sich einen Spielwürfel mit eins bis sechs Punkten pro Seite als Anleitungsvorlage vorstellen. Stecken Sie die Spitze eines fünften Grundelements, das der Würfelseite mit 6 Punkten entspricht, in die Tasche der Seite mit 2 Punkten. Nehmen Sie dann die Spitze von Seite 4 und stecken Sie diese in Seite 6. Weiterhin die Spitze von 3 ebenfalls in 6 und zum Schluss wird die zweite Spitze von Seite 6 in Seite 5 gesteckt. Der Würfel ist geschlossen.

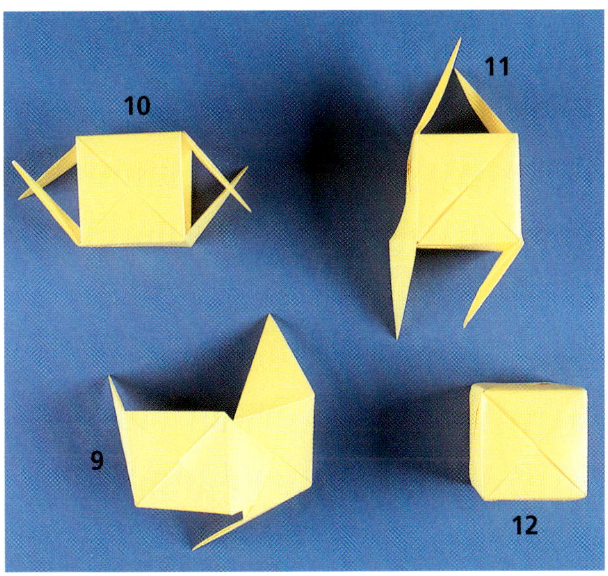

Tipp: Probieren Sie es zuerst ohne Anleitung aus, bei vielen Faltern klappt es intuitiv recht schnell nach dem „Try-and-Error-Prinzip". Methodiker haben es schwerer und sollten sich einen Spielwürfel als greifbare Vorlage besorgen.

Variation Glatter Würfel (Seite 32)

Bei dieser Würfelvariation sind beim Endergebnis die sechs Würfelseiten außen glatt, also ohne Faltkanten. Er funktioniert im Prinzip genauso wie Variation 1, nur dass beim Grundelement nicht wie in Punkt 9 die beiden Spitzen nach hinten zur glatten Seite, sondern nach vorne gefaltet werden. Bitte probieren Sie diese Variation erst dann, wenn Ihnen die erste gut von der Hand geht, da Sie die Seiten im Verborgenen, sprich Würfelinneren, zusammenstecken müssen. Für das letzte Element müssen Sie dabei evtl. den gesamten Würfel wieder leicht lockern und erst dann endgültig zusammenschieben.

Oktaeder

Wunderschön Ton in Ton, etwa Pink, Rosa und Violett, oder auch einfarbig kommt das Oktaeder als stolze Origamitrophäe in Betracht. Für das hier abgebildete Modell wurde einseitig bedrucktes Origamipapier mit 15 cm Seitenlänge in zwölf verschiedenen Farben verwendet. Sollten Sie den Oktaeder das erste Mal falten, sind Sie gut beraten, ähnliche Farben für die Faltungen zu benutzen, um der Anleitung folgen zu können. Auf optische Schönheit und Genauigkeit sollten Sie erst mit wachsender Übung achten. Für den Oktaeder ist fast jedes nicht zu dicke Papier geeignet. Die Größe hängt von Ihrem Geschmack und Können ab. Ein quadratisches Blatt von 15 cm für das folgende Grundelement ergibt ein Modell von ca. 12 cm Durchmesser.

Grundelement

1. Ausgangsform für den Oktaeder ist das gleiche Grundelement wie für den Würfel Seite 32. Falten Sie die obere und untere Spitze nach hinten, sodass ein Quadrat entsteht.

2. Knicken Sie das Quadrat entlang der beweglichen Diagonalen erneut zusammen und lassen Sie die Faltung leicht auseinander klappen. Sie benötigen dieses Grundelement insgesamt zwölf Mal. Wenn das

fertige Grundelement vor Ihnen liegt, sollte die obere Spitze zu Ihrer linken Hand zeigen und die untere Spitze zu Ihrer rechten Hand.

Steckverbindungen

1. Stecken Sie, wie schon beim Würfel beschrieben, eine Spitze in die Lasche eines zweiten Grundelements. In diesem Fall Blau in Gelb. Wichtig: Nicht umgekehrt, sonst stimmt Ihre Reihenfolge mit der der Anleitung nicht mehr überein.

2. Nun müssen Sie nach dem gleichen Prinzip Lila mit Dunkelblau und Gelb verbinden. Ein dreieckiger Berg sollte entstanden sein.

3. Nun wird Orange in Lila gesteckt.

4. Verbinden Sie das dunkelgrüne Element mit Orange und Lila, ein zweiter dreieckiger Berg ist entstanden.

5. Verbinden Sie Rosa mit Gelb und Dunkelgrün.

6. Verbinden Sie Hellblau mit Rosa und Gelb. Ein dritter dreieckiger Berg ist entstanden.

7. Verbinden Sie Rot mit Orange und Dunkelblau.

8. Verbinden Sie Weiß mit Rot und Dunkelblau. Ein vierter dreieckiger Berg ist entstanden. Die hellblaue Spitze muss nur noch in Weiß gesteckt werden.

9. Verbinden Sie Hellgrün mit Hellblau und Weiß zum fünften Berg.

10. Verbinden Sie Grau mit Rot und Orange zum sechsten Berg. Die hellgrüne Spitze muss nur noch in Grau gesteckt werden.

11. Zum Schluss wird Schwarz mit Dunkelgrün, Grau, Rosa und Hellgrün verbunden. Berg sieben und acht sind entstanden. Wenn Sie bis jetzt noch nicht verzweifelt sind, halten Sie den fertigen Oktaeder in der Hand.

Da Sie nun schon so richtig in Schwung sind, können Sie sich auch gleich an die Iris auf Seite 21 heranwagen, die auf ihre Weise mindestens genauso schwer ist.

Meeresrauschen...

Sommer, Sonne, Süden – mit etwas Papier in Meeresfarben können auch Sie mediterrane Heiterkeit zu sich nach Hause holen. Veredeln Sie Ihre Ferienfundstücke und setzen Sie diese Urlaubserinnerungen mit schönen Origamifaltungen so richtig in Szene. Auch Schmuckstücke kommen bei diesen Origami-Objekten übrigens zur Geltung.

Muschel

Verwenden Sie ein Quadrat beliebiger Größe, wobei ein Blatt mit 15 cm Seitenlänge eine Muschel mit ca. 6 cm Durchmesser ergibt. Leicht formbares Papier eignet sich besonders gut, es sollte jedoch auch eine gewisse Reißfestigkeit aufweisen.

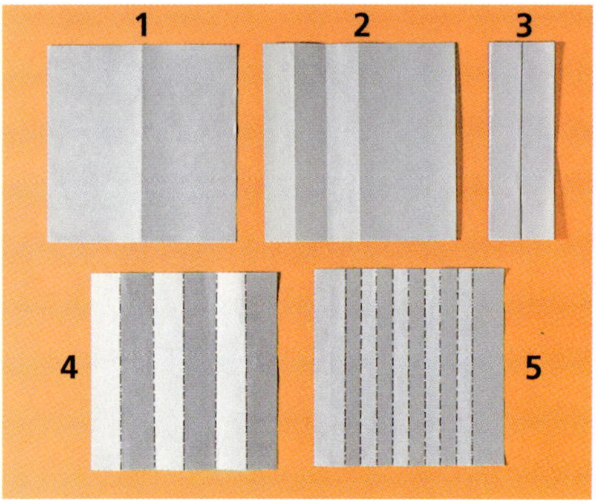

1. Falten Sie das Quadrat mittig.

2. Machen Sie mit der rechten Blatthälfte eine Ziehharmonikafaltung auf die Mittellinie. Die Blatthälfte wird dabei in drei gleiche Streifen gefaltet.

3. Wiederholen Sie Punkt 2 auf der linken Seite.

4. Wenn Sie nun das Blatt auseinander ziehen, sollten Sie die abgebildeten Berg- und Talfalten vor sich liegen haben (Bergfalten sind die Strich-Punkt-Linien).

5. Die Ziehharmonikafaltung des Blattes hat sechs senkrechte Flächen, falten Sie die Flächen 2 bis 4 jeweils erneut mittig, sodass eine schmalere Ziehharmonika entsteht, die an den beiden Seiten von jeweils einem doppelt so breiten Rand begrenzt wird. Die Talfalten von Punkt 4 wurden nun zu Bergfalten.

6. Schieben Sie das Blatt wie abgebildet zusammen.

7. Falten Sie es einmal in der Mitte.

8. Halten Sie die Arbeit wie abgebildet fest.

9. Nun müssen Sie Lamelle für Lamelle der Ziehharmonika nach außen auseinander ziehen.

10. Auf der anderen Seite wiederholen Sie diesen Vorgang.

11. Die Seiten der beiden Muschelhälften werden an den vier äußeren Ecken nach innen eingeschlagen.

12. Durch kleine Umschläge nach innen erhält die Muschel ihre typische Kontur.

13. Nun müssen Sie sie noch mit einem Druck vom Muschelinneren nach außen ausformen und der Muschel ihre Wölbung geben.

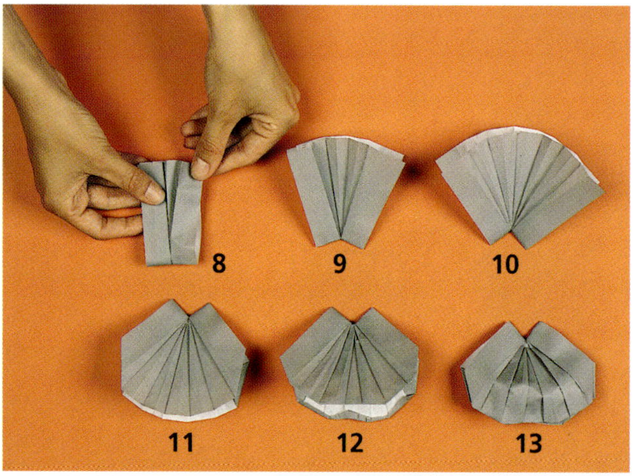

Seepferdchen

Für das Seepferdchen eignet sich Goldkrepppapier aus dem Bastelbedarf zu Quadraten von 15 cm Seitenlänge zurechtgeschnitten. Generell sollte das Papier möglichst reißfest und leicht formbar sein. Auf einen Schaschlikspieß gesteckt, treibt sich das Seepferdchen z. B. dekorativ in bunten Sommerdrinks herum.

1. Falten Sie das Quadrat entlang einer Diagonalen, öffnen Sie es wieder und drehen Sie das Blatt, bis der Falz senkrecht liegt (Mittelbruch). Falten Sie die beiden Eckpunkte zum Mittelbruch und Sie erhalten eine Drachenform.

2. Falten Sie die beiden oberen Seitenkanten zum Mittelbruch.

3. Falten Sie die beiden unteren Seitenkanten zum Mittelbruch. Greifen Sie zur markierten Ecke in der rechten oberen Hälfte der Raute.

4. Nun müssen Sie vom Mittelbruch ausgehend in die markierte Eckspitze ein Eselsohr falten. Ziehen Sie die Ecke von innen nach rechts außen am höchsten Punkt zusammen und drücken Sie sie nach oben zur Rautenspitze um.

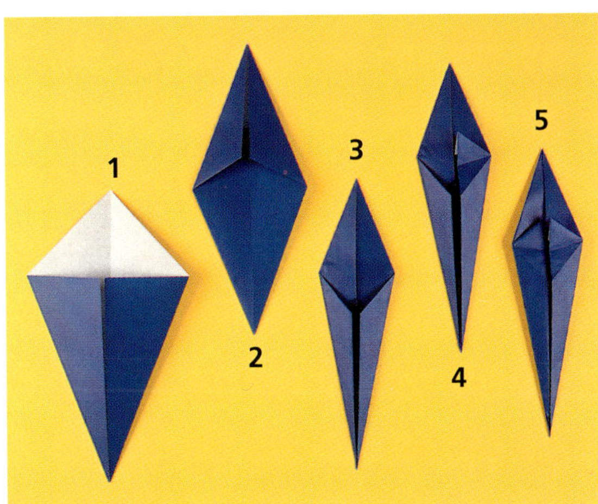

5. Wiederholen Sie die Faltung auf der anderen Seite.

6. Klappen Sie die Raute am Mittelbruch zusammen. Die kurze Modellspitze wird in einer Gegenbruchfalte nach links zum Pferdchenkopf gefaltet.

7. Schlagen Sie die linke Kopfspitze ein Stück nach innen ein.

8. Öffnen Sie das Modell wieder, wobei der Kopf wieder zurückgeklappt wird. Der Seepferdchenkörper wird stufenweise gefaltet. Setzen Sie die erste Stufe nicht zu niedrig an, Sie müssen mindestens sechs gefaltete Stufen unterbringen.

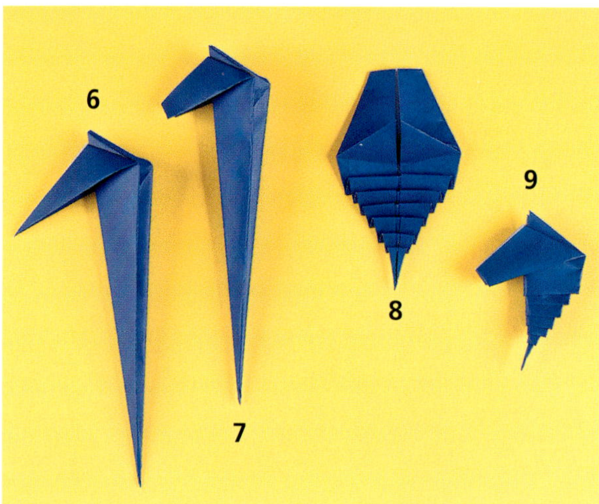

9. Klappen Sie die Form zusammen, wobei der Kopf wieder entstehen sollte.

10. Halten Sie das Modell an der offenen Seite und bringen es durch leichtes Drücken und Schieben in die typische S-Kontur eines Seepferdchens.

11. Sie können bei modellierbarem Papier der Schnauze des fertigen Seepferdchens noch die typische Trompetenform geben und den Körper leicht wölben (siehe hierzu Motiv Stern).

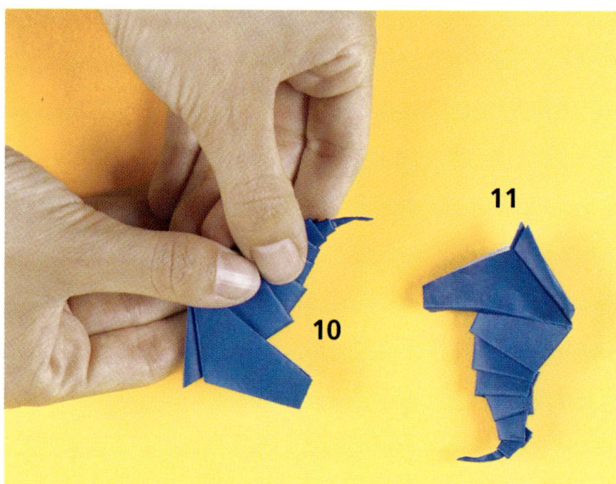

Stern

Seit dieser Stern vor zwanzig Jahren in Japan aufgekommen ist, gilt er dort als Glücksbringer und wird als Beweis der Zuneigung in kleinen Glasfläschchen verschenkt. Je mehr Sternchen, desto größer der Liebesbeweis (zu Recht). Ob Ton in Ton oder mit knallbunten Kontrastfarben, der Stern ist eines der schönsten Modelle für „kollektives Origami". Zu Weihnachten überzeugt der Stern auch in goldenen, silbernen oder schillernden Folienpapieren.

Da der Stern in Japan sehr populär ist, gibt es dort eigens zugeschnittenes Streifenband zu kaufen. Hierzulande müssen Sie jedoch Ihr möglichst reißfestes und dennoch dünnes Papier noch selbst zuschneiden. Zur Not eignen sich auch die Flechtstreifen aus dem Bastelbedarf, allerdings brauchen Sie dann für den letzten Schritt mehr Kraft und Übung. Je kleiner, desto netter sieht er aus. Besonders schön gelingen Sternchen aus 30 cm langen und 1,2 cm breiten Streifen.

1. Nehmen Sie einen Streifen zur Hand und schlagen Sie wie abgebildet das untere Ende von vorne nach hinten um das lange Ende des Papierstreifens.

2. Machen Sie einen Knoten, drücken Sie ihn aber noch nicht fest.

3. Achten Sie darauf, dass alle Seiten des entstandenen Sechsecks gleich breit sind und drücken Sie den Knoten fest.

4. Wenden Sie nun Ihr Modell. Das überstehende, kurze Ende wird in Richtung des Knotens umgeknickt.

5. Schieben Sie wie abgebildet das kurze Ende unter die oberste Knotenlage. Sollte es sich vollständig einschieben lassen, können Sie es mit der Schere oder durch Abreißen minimal kürzen.

6. Wenden Sie das Modell erneut und falten Sie wie abgebildet das lange Ende um das Sechseck. Schlagen Sie es weiterhin um das Sechseck, wobei Sie dem Kantenwinkel folgen und somit als Nächstes die jeweils gegenüberliegenden Seitenkanten ansteuern. Der Reihe nach werden alle Kanten umwickelt.

7. Zum Schluss bleibt ein kleiner Reststreifen.

8. Schieben Sie ihn nun unter die oberste Lage des Sechsecks.

9. Bringen Sie den Stern in Form, indem Sie zwei aneinanderliegende Seiten des Sechsecks mit Daumen und Zeigefinger zusammen- und gleichzeitig zur Mitte drücken. Die zweite Hand gibt dabei von der gegenüberliegenden Seite den nötigen Widerstand. Die Formgebung gelingt am leichtesten, wenn Sie den Stern mit dem zweiten Zeigefingersegment und der Daumenkuppe zusammenkneifen.

10. An den übrigen Seiten wiederholen Sie den Schritt und der Stern ist fertig. Er sollte sich beidseitig wölben und innen einen Hohlraum ausbilden. Geben Sie nicht vorzeitig auf, nach drei oder vier Versuchen klappt es bestimmt.

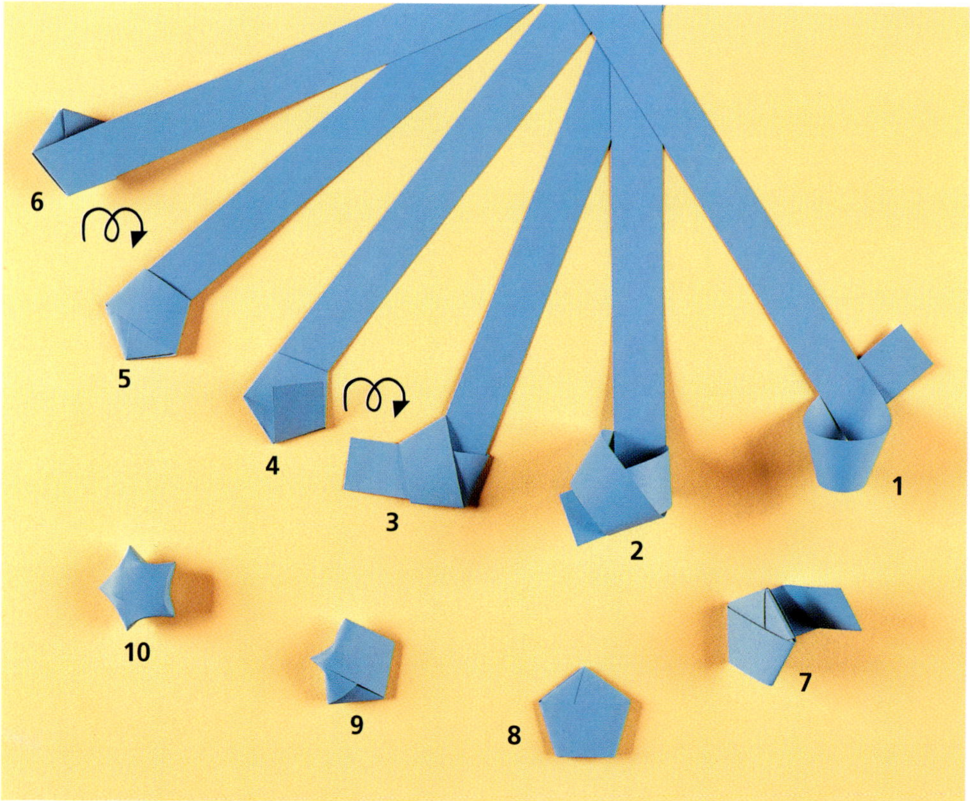

Ein Hauch Fernost ...

Fernöstliche Ästhetik liegt mit dem Revival der Siebziger Jahre wieder stark im Trend. Laden Sie doch Ihre Freunde zu einem Essen mit Essstäbchen ein und verschönern Sie den Tisch mit kleinen, aber feinen Spezialitäten der japanischen Faltkunst. Selbst kreiert, schnell improvisiert – raffinierte Tischideen, die eine tolle Stimmung zaubern und ganz fix gestaltet sind. Doch nicht nur zur exotischen Küche passen die Objekte dieses Kapitels. Für sich genommen lassen sich eine ganze Reihe von sinnvollen Einsätzen in „Haus und Hof" finden.

Stäbchen- und Messerbank

Verwenden Sie ein quadratisches Papier von ca. 15 cm Seitenlänge. Die Bank gelingt mit jedem Papier, aber kleingemustertes Origamipapier mit klassischen asiatischen Mustern passt am besten.

Diese klassische Faltbank eignet sich als dekorative Ablage für Essstäbchen oder Besteck gleichermaßen.

Anfangs etwas gewöhnungsbedürftig, werden Sie und Ihre Gäste jedoch schnell die Vorteile der Bank für sich entdecken.

1. Falten Sie ein gerades Kreuz mit Bergfalten. Falten Sie die linke und rechte Seite zur senkrechten Mittellinie. Wenden Sie das Modell.

2. Falten Sie das untere Viertel nach oben zur waagerechten Mittellinie und das zu oberst liegende Achtel gleich wieder zurück zur Unterkante.

3. Wiederholen Sie Punkt 2 mit der oberen Hälfte.

4. Klappen Sie das Modell in der Mitte zusammen.

5. Greifen Sie die beiden äußeren Lagen der linken unteren Seite und ziehen Sie sie an den Eckpunkten von unten nach oben. Fixieren Sie den entstandenen Seitenflügel durch Andrücken.

6. Wiederholen Sie Punkt 5 auf der rechten Seite.

7. Von den vier Seitenflügeln werden die Ecken bis zum Anschlag nach innen umgefaltet, eingesteckt und nachgefalzt. Wenn Sie das Modell leicht aufklappen, können Sie die fertige Bank aufstellen.

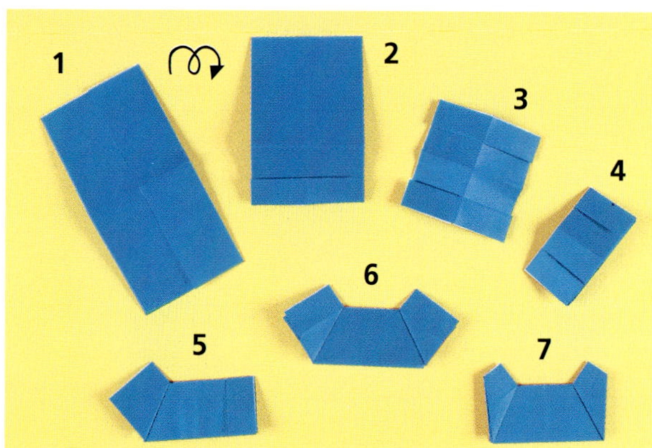

Schale

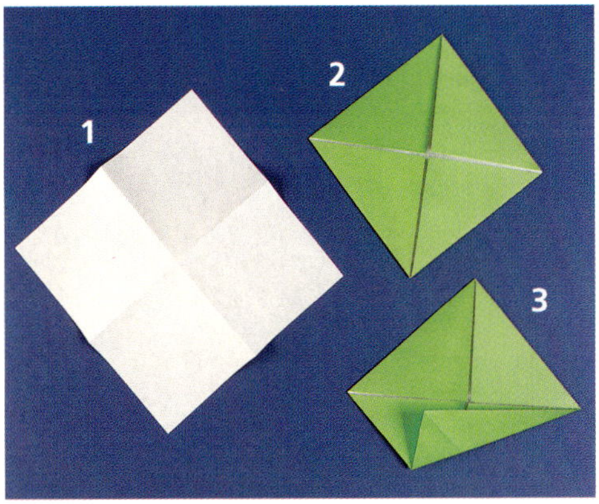

Sie benötigen für dieses Modell ein quadratisches Blatt von mindestens 15 cm Seitenlänge (wie in den Abbildungen), Blätter mit ca. 30 cm ergeben brauchbare Tischschalen, Sie können je nach Erfahrung jedoch auch noch größere Formate machen. Falten Sie die Schale aus hübschen Origami- oder Geschenkpapier, wobei auch große Muster gut zur Geltung kommen.

1. Falten Sie in Ihr Blatt ein gerades Kreuz mit Talfalten.

2. Falten Sie die vier Ecken zum Mittelpunkt. Legen Sie das Blatt derart vor sich hin, dass eine Spitze der Raute nach unten weist.

3. Nehmen Sie nun die untere Spitze und falten Sie den Blattrand zur waagerechten Mittellinie der Raute. Nehmen Sie diese Vorfaltung wieder zurück.

4. Wiederholen Sie Punkt 3 an den übrigen drei Seiten, bis das abgebildete Muster entstanden ist.

A

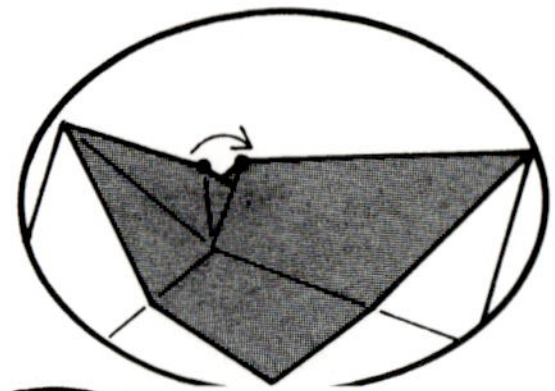

B

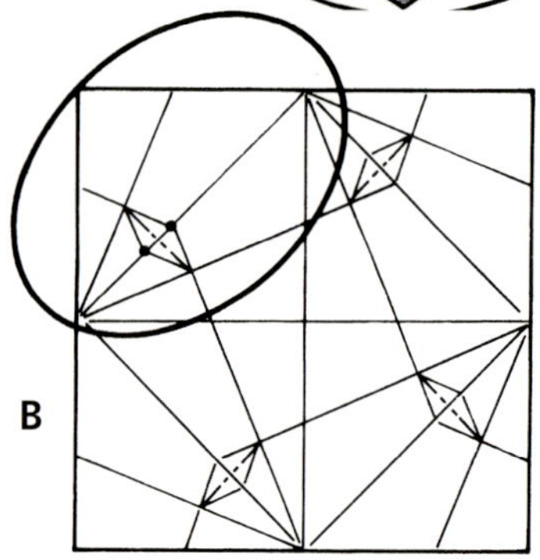

5. Sie müssen nun eine weitere Vorfaltung anbringen, um später die Seiten der Schale bilden zu können. Dazu stehen Ihnen zwei Varianten offen: a) Sie machen in Ihr Modell entlang der Markierung an den vier Seiten je eine Talfalte. b) Sie schieben mit den Händen zwei aneinandergrenzende Seiten zusammen, bis innen ein kleines Eselsohr entsteht, das die beiden Seiten (wie bei einer Schachtel) im 90-Grad-Winkel zusammenbringt.

6. Wiederholen Sie Punkt 5 auf den übrigen drei Seiten.

7. Wenn Sie eine der unter Punkt 2 gefalteten Dreieckslaschen öffnen, sollten Sie Detailabbildung A in Händen halten. Schieben Sie die kleine Raute in der Mitte zusammen, drücken Sie sie halbiert zu einer Seite hin flach. Der nach oben zeigende Teil Ihres Modells, der an eine „unordentliche Falte in einem Tischtuch" erinnert, muss nun nach innen zum Mittelpunkt der Schale eingeschlagen werden (siehe Handaufnahme der Abbildung 7). Flachdrücken und die Ecke der Schale schön ausformen. Detailabbildung B zeigt diesen Vorgang vom Schaleninneren aus gesehen.

8. An den übrigen drei Seiten wiederholen Sie Punkt 7 und fertig ist Ihre Schale.

Lampion

Ausgangslage sind fünf oder mehr Quadrate aus möglichst dünnem und reißfestem Papier. Für das abgebildete Modell wurden Blätter mit 15 cm Seitenlänge verwendet. Der Lampion kann sowohl als Einzelobjekt aufgehängt werden als auch zusammen mit anderen bunten Lampions an einer Girlande baumeln.

Achtung: Bei diesem Modell handelt es sich um einen Zierlampion.

Er eignet sich nicht für den Einsatz mit Kerzen.

Sollten Sie es trotzdem auf eigene Gefahr als Laterne einsetzen wollen, muss es sehr groß gefaltet und ausschließlich unter Aufsicht verwendet werden.

1. Falten Sie Ihr Blatt entlang der senkrechten Mittellinie und anschließend an der waagerechten Mittellinie. Die letzte Faltung öffnen Sie wieder.

2. Falten Sie die obere und untere Blattkante zur waagerechten Mittellinie.

3. Von der waagerechten Mittellinie falten Sie das obere und untere Achtel der Blattlänge wieder zum Modellrand zurück.

4. Von der Mittellinie ausgehend falten Sie auf beiden Seiten eine Ziehharmonika in das angrenzende Viertel ein. Ihr Ergebnis sollte jetzt aus der abgebildeten Ziehharmonika bestehen.

5. Legen Sie die zusammengeschobene Ziehharmonika vor sich zurecht, die offenen Seiten zeigen nach unten. Sie müssen nun mit den Fingern in die einzelnen Seiten der Ziehharmonika hineingreifen und versuchen, die zwei Lagen durch Auseinanderdrücken voneinander zu trennen.

6. Haben Sie das Modell ca. 5 cm weit aufgedrückt, müssen Sie von unten her die einzelnen Ziehharmonikafalten in der neuen Stellung flachdrücken.

7. Sie dürfen nun Ihre Fertigkeiten noch bei den fehlenden Elementen unter Beweis stellen.

Die Abbildung zeigt zwei bereits aufeinander geklebte Elemente. Anstelle der Büroklammern in der Abbildung müssen Sie zum Schluss den Lampion mit Tesafilm fixieren oder mit einem Band oder einem Bindfaden auffädeln. Wenn das Papier nicht zu dünn ist, empfiehlt sich der Optik wegen an dieser Stelle ein kleiner, etwas schräger Einschnitt.

Tato

Das Tato ist eine dekorative flache Papiermappe, die in Japan zum Sammeln und Aufbewahren von Dingen mit geringer Höhe wie Briefmarken, Nähnadeln oder Geldscheinen verwendet wird. Selbstverständlich eignet sich das Tato auch als Geschenkverpackung.

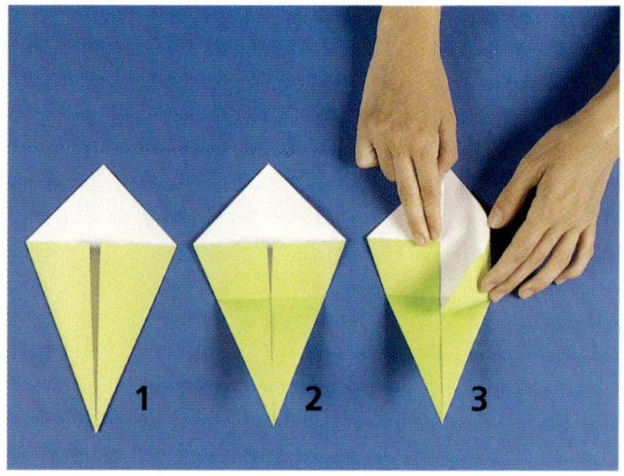

1. Falten Sie eine Diagonale in Ihr Blatt, drehen Sie es zur Raute und schlagen die rechte und linke Ecke zum Mittelbruch ein.

2. Falten Sie die untere Spitze der Drachenform auf die obere vor und gleich wieder zurück.

3. In der Abbildung zeigt die rechte Hand auf eine innere Ecke. Ziehen Sie diese, wie mit der linken Hand abgebildet, in die Höhe, drücken Sie die waagerechte Vorfaltung aus Punkt 2 ein und falten Sie die Ecke nach unten auf den Mittelbruch.

4. Es ist die abgebildete gleichschenklige Dreieckslasche entstanden, die oben aufliegt und mit seiner Spitze nach unten zeigt.

5. Wiederholen Sie Punkt 3 auf der anderen Seite.

6. Halten Sie die beiden Spitzen der aufliegenden kleineren Dreiecke fest und klappen Sie die beiden unten liegenden, langen Dreiecke nach oben zusammen, sodass Ihre Spitzen aufeinander liegen. Drehen Sie das Modell um 180 Grad.

7. Schlagen Sie erneut die lange Spitze auf die kurze obere und falzen Sie den waagerechten Mittelbruch nach. Prägen Sie sich das entstandene Fünfeck ein.

8. Nehmen Sie die Vorfaltung von Punkt 7 wieder zurück und

wiederholen Sie sie auf der Rückseite.

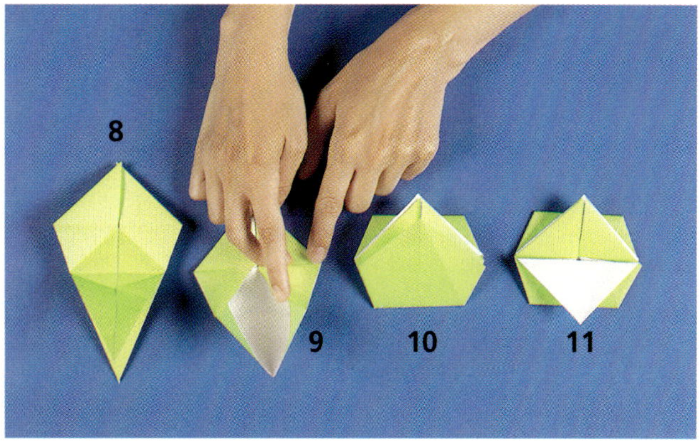

9. Greifen Sie die beiden mit einem Punkt markierten Endpunkte der Bruchlinien und ziehen Sie sie mit den Daumen auseinander, während Sie mit den Zeigefingern die geöffnete Spitze auf die kurze untere Spitze führen. Das Fünfeck von Punkt 7 ist wieder entstanden, jedoch mit einer glatten Oberseite. Wiederholen Sie die Faltung auf der Rückseite.

10. Falten Sie in Ihr Modell einen waagerechten Mittelbruch zwischen die beiden äußersten Ecken und klappen Sie die untere Hälfte der Rückseite nach oben, sodass deren Ecken hinter der oben aufliegenden Spitze beidseitig überstehen.

11. Falten Sie die oberste Lage der Spitze nach unten und Sie erhalten das abgebildete Modell. Drehen Sie es um 180 Grad.

12. Machen Sie eine Quetschfaltung, indem Sie die untere linke Spitze nach oben zum waagerechten Mittelbruch vorfalten, die Klappe wieder öffnen und mit dem Zeigefinger auseinander drücken.

13. Falzen Sie entlang der vorgefalteten Bruchlinien flach und es entsteht die abgebildete Drachenform.

14. Falten Sie die kurze Spitze des Drachens entlang des senkrechten Mittelbruchs nach links zurück.
Wiederholen Sie die Faltung 12–14 auf der anderen Seite. Das Tato ist fertig.

15. Ziehen Sie an den weißen Laschen, um den Papierbeutel zu öffnen.

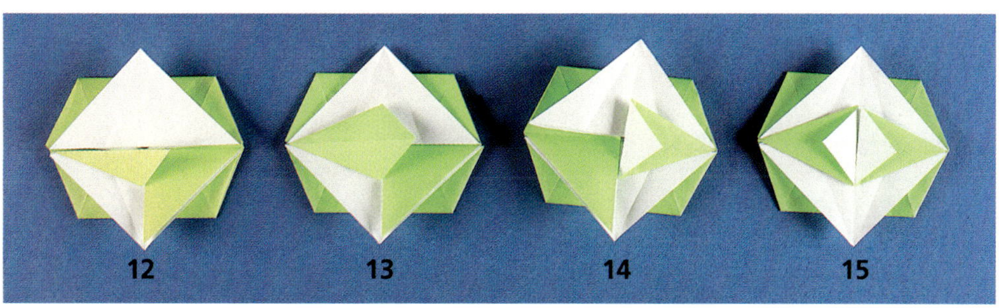

Dekorative Schachteln & Co. ...

Verpacken Sie individuell Ihre Geschenke – für alle, die Sie überraschen wollen und schaffen Sie reizvolle Effekte mit Farben und Papier. Doch selbst einfachstes Packpapier kann mit der richtigen Faltung den gewissen Kick besitzen und gebräuchliches Geschenkpapier aus der Wühlkiste kommt als Origamischachtel zu neuen Ehren. Schillernde und fragil gefaltete Verpackungen machen jedes noch so simple Geschenk zu einem kostbaren Kleinod – dekorativ beklebt mit Blüten, Herzen oder anderen Origamimodellen kommen sie doppelt gut zur Geltung.

Schachtel

Ausgangslage für diesen Klassiker unter den Faltschachteln sind zwei quadratische Blätter gleicher Größe. Die Wahl des Papiers hängt vom Verwendungszweck der Schachtel ab.

1. Falten Sie ein gerades Kreuz mit Bergfalten.

2. Wenden Sie Ihr Blatt und falten Sie die vier Ecken zum Mittelpunkt.

3. Der untere Blattrand wird zur waagerechten Mittellinie eingeschlagen.

3a. Den Schachteldeckel falten Sie wie unter Punkt 3 beschrieben, legen jedoch einige Millimeter vor dem Mittelpunkt an, damit der Deckel auch über den Schachtelboden passt.

4. Wiederholen Sie den letzten Schritt an der oberen Hälfte.

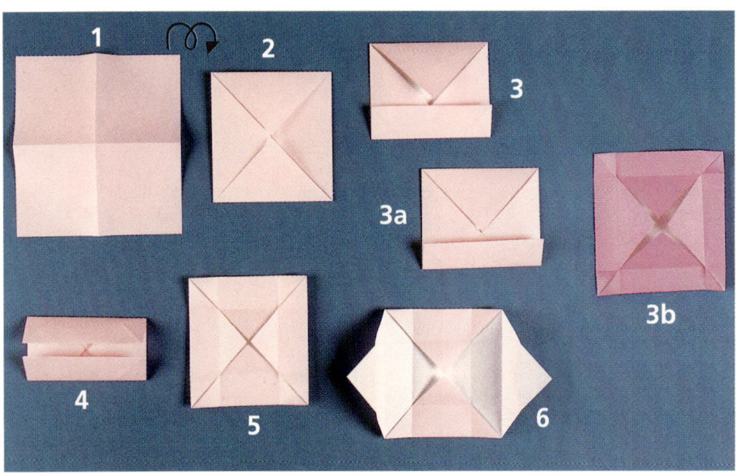

5. Öffnen Sie die Figur soweit wie nötig, um Punkt 3 an der rechten und linken Seite zu wiederholen. Die wieder geöffneten Vorfaltungen ergeben das abgebildete Muster.

6. Öffnen Sie den rechten und linken Flügel.

7. Legen Sie das Papier wie abgebildet vor sich und falten Sie die mit einem Punkt markierte Stelle auf das rechts daneben markierte Sternchen.

8. Wiederholen Sie Punkt 8 auf der rechten Seite und drücken Sie die Kanten flach.

9. Die nach oben weisende Spitze wird nun in das Schachtelinnere eingeschlagen.

10. Wenn Sie Punkt 7 bis 9 mit der unteren Hälfte wiederholen, erhalten Sie den Schachtelboden. Nun müssen Sie in gleicher Weise den Schachteldeckel vollenden.

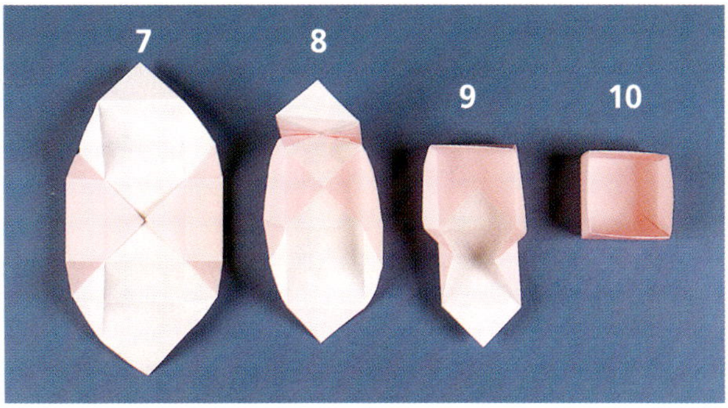

Tipp: Möchten Sie eine sehr flache Schachtel falten, müssen Sie den unter Punkt 3 beschriebenen Rand entsprechend schmal anlegen.

Lange Schachtel

Die Ausgangslage bilden zwei quadratische Blätter beliebiger Größe. Sie können das einzelne Blatt entweder halbieren oder wie unter Punkt 1 vorfalten.

1. Falten Sie die rechte und linke Seite zur Mitte.

2. Halbieren Sie ein Quadrat und falten Sie dann weiter. Für die Anleitung wurde diese Ausgangslage gewählt.

3. Falten Sie den rechten und linken Rand zur Mitte.

4. Schlagen Sie nun von oben und unten je einen Streifen nach vorne ein, wobei Ihre Streifen genauso breit sein müssen wie unter Punkt 3.

5. Wiederholen Sie Punkt 4 ein zweites Mal.

6. Für den Schachteldeckel müssen die Ränder entsprechend schmaler gefaltet werden, d.h. auch bei Punkt 3 dürfen Sie nicht genau bis zur Mitte falten.

7. Öffnen Sie die Figur wieder zu einem Streifen.

8. Sie müssen nun an den vier markierten Stellen Vorfaltungen mit Talfalten machen.

9. Öffnen Sie nun von innen die Figur, sodass die kurzen Schachtelseiten entstehen.

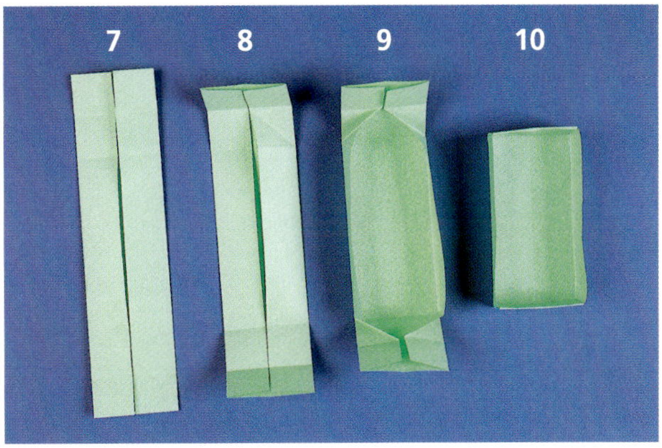

10. Der obere und untere Rand muss nun nach innen umgeschlagen und evtl. noch mit etwas Klebstoff fixiert werden.

Candybox

Ausgangslage ist ein auf beiden Seiten gefärbtes DIN-A4-Blatt zum Quadrat verkleinert. Nicht allzu dickes Papier wie Tonpapier eignet sich gut. Als Abdeckung eignet sich z.B. die Blüte der Sonnenblume. Für eine Candybox mit einer Rosenabdeckung brauchen Sie ein grünes Blatt mit 21 cm Seitenlänge und zwei rosa Blätter mit je 16 cm. Dies ergibt eine Box von 11 cm Höhe. Eine Candybox können Sie nach Belieben mit Bonbons, Pralinen oder Gimmicks füllen.

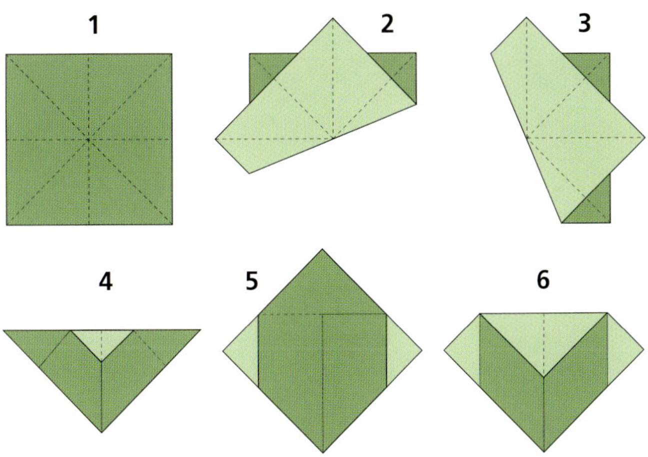

1. Falten Sie das Blatt entlang der Diagonalen und zusätzlich ein gerades Kreuz, beide Faltungen nehmen Sie mit Bergfalten vor.

2. Das Blatt muss wie abgebildet übereinander gefaltet werden, wobei die Bergfalten beider Blatthälften exakt übereinander liegen müssen.

3. Öffnen Sie das Blatt wieder und falten Sie die linke untere Ecke analog Punkt 2 nach rechts.

7

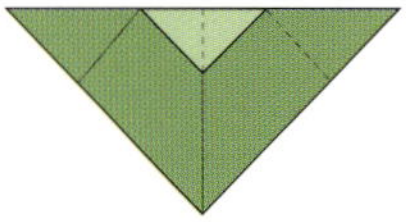

8

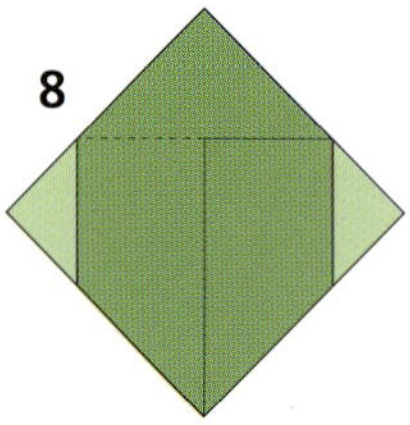

9

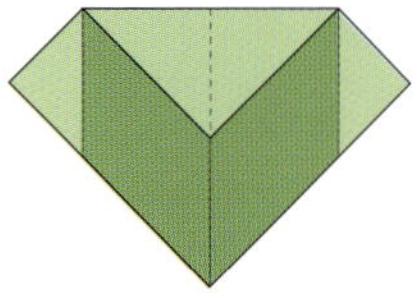

10

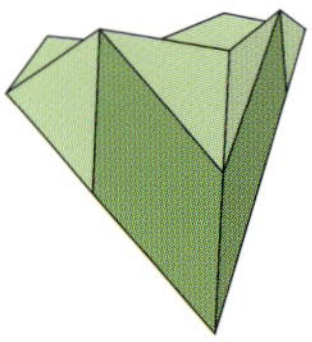

11

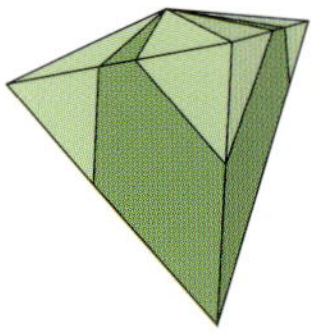

4. Leicht aufgefaltet sollte Ihr Modell folgendermaßen aussehen.

5. Nun schieben Sie Ihr Modell wieder zusammen, sodass es wie abgebildet flach liegen bleibt.

6. Schlagen Sie die obere Spitze nach vorne zu einem kleinen Dreieck nach unten.

7. Auf der Rückseite wiederholen Sie die Faltung.

8. Greifen Sie nun von oben in die Tasche, öffnen Sie das Modell und bringen Sie die rechte und linke Seite zur Mitte. Die Spitzen weisen übereinander vorne und hinten nach oben.

9. Schlagen Sie wie in Punkt 5 bis 7 die beiden Spitzen nach unten.

10. Öffnen Sie das Modell.

11. Alle vier oberen Spitzen werden nach innen umgeschlagen. Die vier oberen Kanten werden nachgefalzt.

Die gefalzten Spitzen schlagen Sie wieder etwas zurück und stecken sie in die Sonnenblumenblüte.

Sternenbox

Ausgangslage ist ein quadratisches Blatt Papier von mindestens 15 cm Seitenlänge. Bewährt hat sich kräftiges Papier, das eine gewisse Stabilität aufweist.

Die Sternenbox ist besonders beliebt zur Weihnachtszeit, eignet sich aber auch für Ostern, wenn man sie mit Ostergras füllt, als Eierbecher umfunktioniert und zusätzlich noch mit Faltblüten dekoriert.

Eine Variation der Sternenbox ist das hübsche Sternenkörbchen, das sich ebenfalls gut für Jahreszeiten-Dekos anbietet.

1. Falten Sie ein gerades Kreuz in der Mitte. Drehen Sie das Blatt auf die Rückseite.

2. Falten Sie wieder ein Kreuz durch das Blatt, jedoch von den Ecken ausgehend. Alle Linien kreuzen sich in der Mitte.

3. Wenn Sie nun von zwei gegenüberliegenden Ecken das Blatt zur Mitte hin zusammenschieben, erhalten Sie ein zusammengeschobenes Viereck.

4. Legen Sie das Viereck mit den offenen Seiten nach oben vor sich hin. Falten Sie

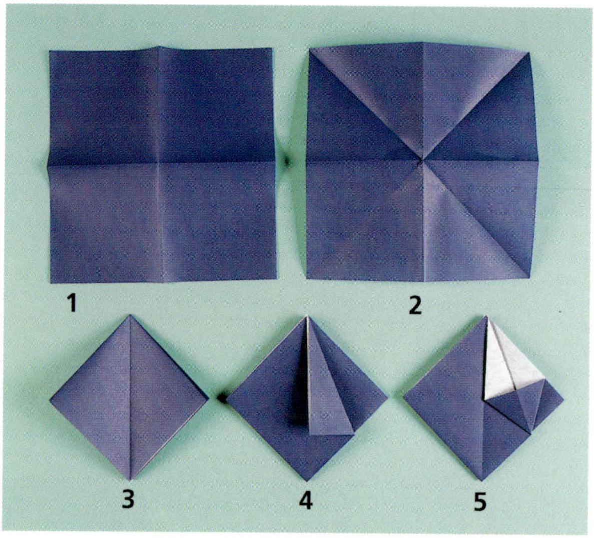

von der oberen Lage die rechte Ecke auf den Mittelbruch.

5. Öffnen Sie mit dem Zeigefinger die entstandene Lasche und drücken Sie diese, wie abgebildet, flach zu einem Rhombus.

6. Wiederholen Sie Punkt 4 und 5 mit der anderen Seite.

7. Schlagen Sie den halben Rhombus nach hinten zwischen die beiden Lagen ein.

8. Auf den übrigen Seiten wiederholen Sie diesen Schritt.

9. Klappen Sie nun die weiße, obere Spitze nach unten.

10. Wiederholen Sie Punkt 9 auf den übrigen Seiten (dabei können Sie gleich die Sternenbox durch Auseinanderziehen der Form öffnen).

11. Die Abbildung zeigt die fertige Sternenbox von oben.

12. Wenn Sie zwei gegenüberliegende Sternenspitzen oben zusammenführen, erhalten Sie als Variation das Sternenkörbchen.

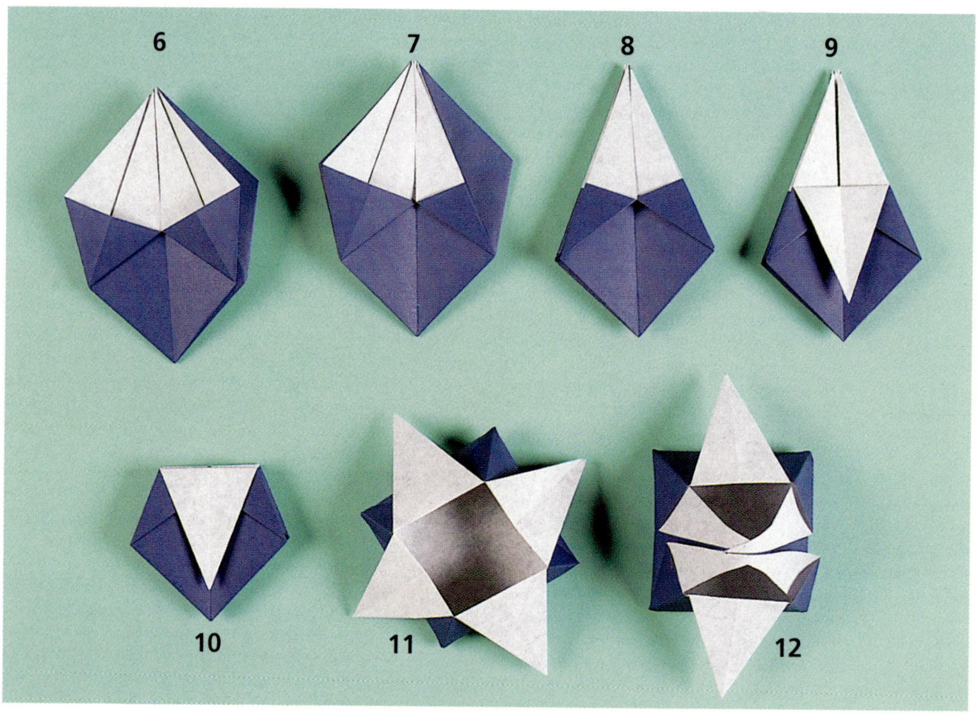

Für Ihre Lieben ...

Lassen Sie Ihre Hände für sich sprechen: Liebesbriefe und Lesezeichen aus zartem Papier gefaltet oder Bilderrahmen sind kleine Geschenke, die von Herzen kommen. Und sollten Sie nicht die richtigen Worte finden, so können auch die „wilden Herzen" dies übernehmen, die Sie als Dekoration aufstellen oder aufkleben können.

Faltbrief

Ausgangslage ist ein DIN-A4-Blatt, es kann sich dabei um Kopierpapier, zugeschnittenes Geschenkpapier oder auch mit einem PC zuvor bedrucktes Papier handeln. Das Papier sollte sich durch eine gewisse Festigkeit auszeichnen, wenn es ohne zusätzliche Hilfsmittel zusammenhalten soll. Sie können auch ein bedrucktes oder beschriebenes Blatt ohne weiteren Briefumschlag auf die Reise schicken, wenn Sie das Blatt wie folgt falten.

1. Falten Sie das Blatt in der Mitte.

2. Öffnen Sie es wieder und falten Sie nun die linke untere Ecke auf die Mittellinie, sodass ein gleichschenkliges Dreieck oben aufliegt. Verfahren Sie ebenso mit der rechten oberen Ecke.

3. Sie sehen nun oben und unten zwei Rechtecke, die Sie durch Umfalzen auf Anschlag halbieren (Randlaschen).

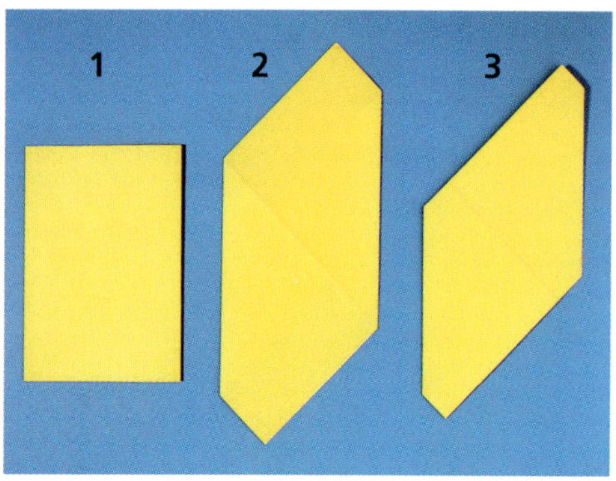

4. Legen Sie die linke, obere Ecke und Kantenhälfte des Faltmodells am senkrechten Mittelbruch an und falzen Sie die Knickstelle fest. Es ist eine geradwinklige Außenspitze entstanden.

5. Schieben Sie die untere Spitze des zuletzt entstandenen Dreiecks in die untere Randlasche.

Wiederholen Sie Punkt 4 und 5 mit der anderen Seite und Sie erhalten einen Briefumschlag, der nur durch Einstecken hält.

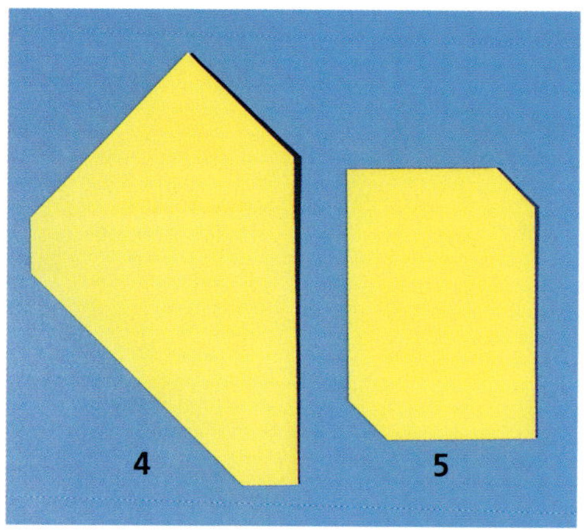

Steckbilderrahmen

Sie benötigen vier gleich große Quadrate von mindestens 10 cm Seitenlänge. Kleingemustertes Origamipapier eignet sich gut.

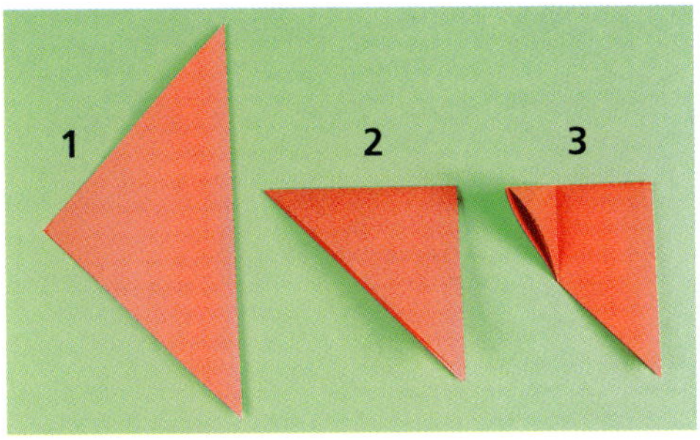

1. Falten Sie das Quadrat entlang der Diagonalen zum Kopftuch.
2. Falten Sie die obere Spitze auf die untere Spitze.
3. Nehmen Sie die linke Ecke und falten Sie sie auf die rechte, obere Ecke. Es entsteht ein gleichschenkliges Dreieck.

4. Öffnen Sie die Faltung von Punkt 3 wieder, wobei die offenen Blattkanten nach links weisen.
5. Greifen Sie mit der Hand von rechts unter die rechte geschlossene Ecke und öffnen Sie die Figur wie abgebildet.
6. Drücken Sie von oben das Modell flach.
7. Wenden Sie das Modell.

8. Schlagen Sie die nach rechts weisende Spitze möglichst exakt nach innen ein.
9. Um den Rahmen zusammenzusetzen, müssen Sie vier der gefalteten Elemente ineinander stecken. Die Abbildung zeigt, wie von rechts das zweite Element in das erste geschoben wird. *Achtung:* Schieben Sie dabei seine Spitze nur unter die oberste Lage des ersten Elements.

10. Hier sehen Sie die vier Elemente des Rahmens noch im leicht geöffneten Zustand. Das Foto oder Bild wird vor dem endgültigen Zusammenstecken zwischen die Lagen eingeschoben.
11. Die Abbildung zeigt den fertigen Rahmen von seiner Vorderseite. Je nach Verwendungszweck können Sie den Rahmen zur endgültigen Stabilisierung mit etwas Klebstoff fixieren.

Bilderrahmen

Es eignet sich jedes quadratische Papier ab 15 cm Seitenlänge, sehr schön ist jedoch Origami- oder Geschenkpapier mit einem kleinen Muster. Zusätzlich brauchen Sie Papierkleber.

1. Falzen Sie ein gerades Kreuz, die Motivseite zeigt nach unten.

2. Falten Sie alle vier Ecken zum Mittelpunkt.

3. Falten Sie die vier Eckspitzen von der Mitte wieder nach außen zur Kante des Quadrats.

4. Schlagen Sie die zuletzt gefalteten vier Eckspitzen nach innen ein. Nun können Sie ein Bild oder Foto in den Rahmen stecken, der zum Schluss festgeklebt werden muss.

Tipp: Experimentieren Sie mit der Rahmengrundfaltung, denn es gibt zahllose Variationen, wie z.B. der achteckige Rahmen durch Einschlagen der Ecken nach innen.

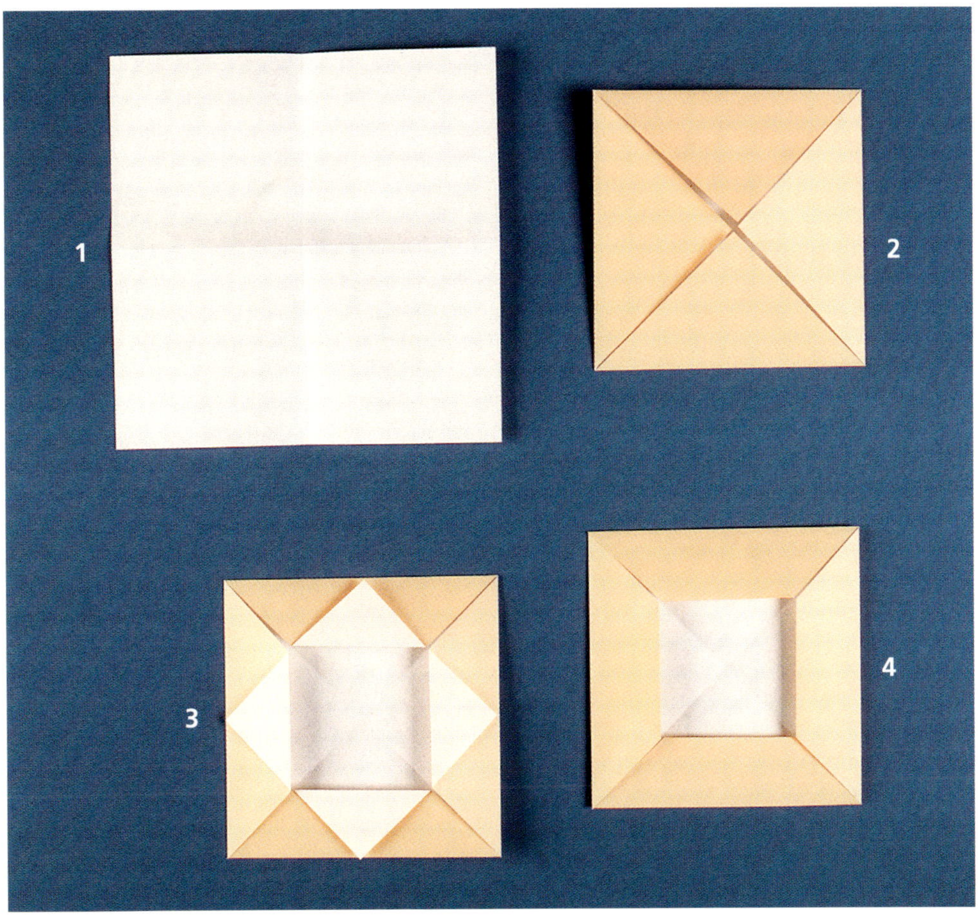

Lesezeichen

Ausgangslage ist ein 15 cm großes Quadrat aus Papier Ihrer Wahl, Origamipapier in kräftigen Farben fällt eingelegt in Bücher am besten auf.

1. Legen Sie das Blatt als Raute vor sich. Falten Sie die linke äußere Ecke zu ca. einem Drittel über die gedachte Mitteldiagonale hinaus.

2. Wenn Sie nun die rechte Ecke entgegenfalten und auflegen, sollte ihre Außenkante auf dem Falz der linken aufliegen.

3. Falten Sie die obere Spitze zum Dreieck nach unten.

4. Kleben Sie auf das kleine Dreieck ein Motiv Ihrer Wahl, z. B. ein Herz oder die Blüte der Sonnenblume.

Das Lesezeichen kann von oben über eine Buchseite gesteckt werden und wird vom kleinen Dreieck mit dem Motiv festgehalten.

4

2

1

3

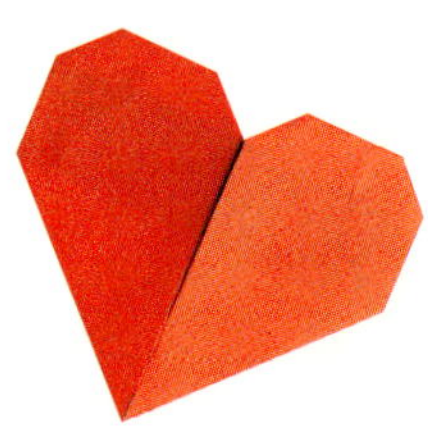

Wilde Herzen

In Rot oder in Rosa sollte Ihr Papier sein, während Sie die Größe von 2 cm Seitenlänge aufwärts ganz nach Ihren Fertigkeiten wählen können.
Durchgefärbtes Papier ist schöner als einseitig gefärbtes. Wenn die Ausgangslage ein Quadrat ist, muss es in vier gleich große Streifen unterteilt werden.

1. Falten Sie den langen Streifen in der Mitte.

2. Wenden Sie das Blatt und falten Sie den Streifen an der Mittellinie im 90-Grad-Winkel um.

3. Wiederholen Sie Punkt 2 mit der anderen Seite. Um die Abbildung zu erhalten, drehen Sie das Modell auf seine Rückseite.

4. Beim linken, oberen Flügel werden zwei Ecken zum Hausdach gefaltet.

5. Wiederholen Sie Punkt 4 mit dem rechten, oberen Flügel.

6. Halbieren Sie die beiden oberen, gefärbten Spitzen durch Einschlagen nach vorne.

7. Wenn Sie das Herz nun umdrehen, erhalten Sie die Ansichtsseite, die Sie als Dekoration aufstellen, aufkleben oder als Grußmedium verwenden können.

Faltsymbolik

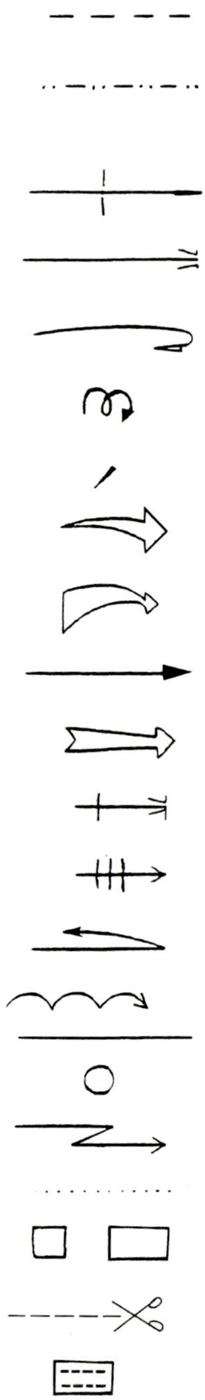

- Talfalte
- Bergfalte
- nach vorne falten
- nach innen falten
- nach hinten falten
- wenden
- versenken
- vergrößerter Maßstab
- verkleinerter Maßstab
- Richtung
- entfalten
- auch hinten falten
- Faltvorgang wiederholen je nach Anzahl der Striche
- falten und entfalten
- mehrmalige Talfalte
- vorgefaltete Falte
- hier festhalten
- stufenweise falten
- von innen gesehen
- Papierformate
- schneiden
- gleiche Teile

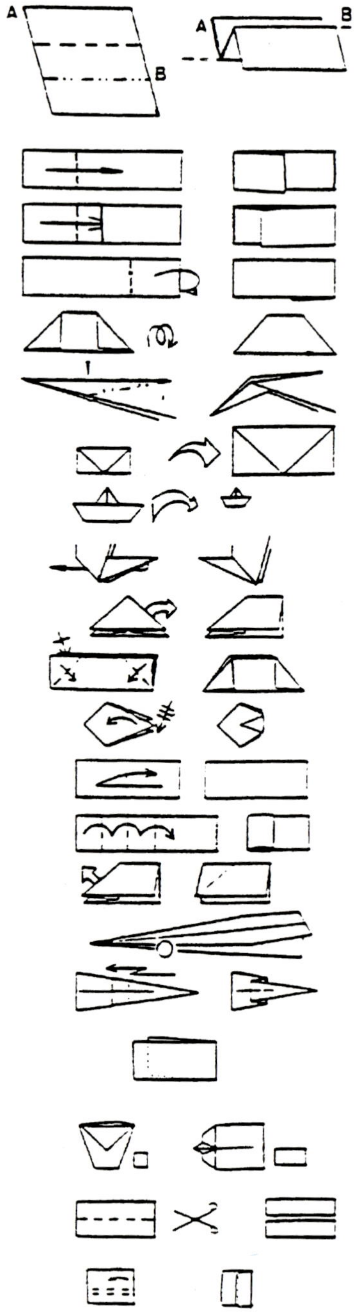